A PAZ DAS SENZALAS

MANOLO FLORENTINO
JOSÉ ROBERTO GÓES

A PAZ DAS SENZALAS

FAMÍLIAS ESCRAVAS E TRÁFICO ATLÂNTICO, RIO DE JANEIRO, C. 1790-C. 1850

editora
unesp

Direitos de publicação reservados à:
Fundação Editora da Unesp (FEU)

Praça da Sé, 108
01001-900 – São Paulo – SP
Tel.: (0xx11) 3242-7171
Fax: (0xx11) 3242-7172
www.editoraunesp.com.br
www.livrariaunesp.com.br
feu@editora.unesp.br

Dados Internacionais de Catalogação na Publicação (CIP)
Odilio Hilario Moreira Junior CRB-8/9949

F633p

Florentino, Manolo
A paz das senzalas: famílias escravas e tráfico atlântico, Rio de Janeiro, c. 1790-c. 1850 / Manolo Florentino e José Roberto Góes. – São Paulo: Editora Unesp, 2017.

ISBN: 978-85-393-0684-8

1. História do Brasil. 2. Escravidão. 4. Escravos – Famílias. 5. Escravos – Rio de Janeiro (Estado). I. Góes, José Roberto. II. Título.

2017-273 CDD: 981.53
CDU: 94(815.3)

Índices para catálogo sistemático:
1. História do Brasil : Hist. Rio de Janeiro 981.53
2. História do Brasil : Rio de Janeiro 94(815.3)

Editora afiliada:

Asociación de Editoriales Universitarias de América Latina y el Caribe

Associação Brasileira de Editoras Universitárias

Mas sou este ser humano
A quem deste alma, razão,
Coração, vontade... e o engano
De sonhar ser mais que humano,
Contra a humana condição!

José Régio, *Ausência*, 1945

Agradecimentos

Texto é sempre pretexto, de variados modos.

Este nosso se presta a homenagear dois historiadores, Ciro Cardoso e Robert Slenes, sem os quais o estudo da escravidão no Brasil não teria tanta graça. Ciro ensinou a mais de uma geração de pesquisadores os segredos da arte do historiador. Quem teve ouvidos para ouvi-lo, aprendeu a encontrar a beleza no ato de escrever a história. Slenes, norte-americano, vem sendo para a história da escravidão como foi um dia Gilberto Freyre para a história do Brasil. Mais suave e infinitamente mais modesto, é certo, com elegância e delicadeza vem conduzindo os negros escravos da cozinha para a sala de estar da historiografia. A eles, o nosso respeito.

A homenagem aos dois pode parecer uma tentativa de estabelecer uma relação de filiação – coisa que, por certo, nos pouparia algumas contrariedades. Mas não. Para o bem ou para o mal, intuímos a verdade dos versos de José Régio, o dono da epígrafe deste livro: "Deus e o Diabo é que me guiam, mais ninguém. Todos tiveram pai, todos tiveram mãe; mas eu, que nunca principio nem acabo, nasci do amor que há entre Deus e o Diabo". De resto, certamente Ciro cobraria maior precisão a nossas palavras, e Slenes teria consistentes senões à herança de Freyre. E os dois, afinal, não subscreveriam todos os argumentos alinhavados neste livro.

Nosso texto se presta também a homenagens mais íntimas, como é de praxe. Em primeiro lugar, a nossos filhos, resumos e incógnitos de vida. Meninas primeiro, claro. A Maria. E a Bruno e a Mateus. E às mães deles, Cuca e Renê. Mas muito mais gente entra num livro quando se o escreve (alguns até sem pedir licença, aliás), e é verdadeiramente impossível nomear a todos. Ficam todos por um, então: a uma certa Fortunata, a seu modo também resumo e incógnita, como tudo o que é bom.

Sumário

Prólogo

"Pois tu tiveste ânimo de matar teus filhos?"

Diz uma sura do Corão que Deus só imporá a cada alma o que ela puder suportar. Oxalá fosse sempre assim e cada criatura tivesse o seu quinhão de sofrimento ministrado, com parcimônia, por um Criador afeito ao cálculo comedido. Não foi o que aconteceu, contudo, a Marcelino Francisco Inácio e os seus. Talvez porque ele e seus filhos fossem mais criação da cobiça dos homens do que obra da inspiração dos deuses. Quem pode saber o que é do homem e o que é de Deus? O certo é que foi nos Campos dos Goitacazes, por volta do meio-dia de 30 de junho de 1847, que o desespero fê-lo encontrar-se consigo próprio para uma peleja que a todos do lugar horrorizou. A história de Marcelino é uma história de horror e começara antes daquele dia, em data imprecisa.[1]

O crioulo Marcelino pertencera à Fazenda do Partido, de um certo capitão Manuel Antônio Barroso. Quando este veio a falecer, deixou-lhe como herança uma carta de alforria. O liberto passou a viver desde então numa pequena senzala, com a mulher e a mãe, na localidade de Curral Falso. A casa distava meia légua da Partido,

1 Arquivo Nacional, "Apelação-crime, 1848", n.858, maço 120 (todas as citações referenciadas a esse processo podem ser conferidas no Apêndice 1).

na qual permaneceram escravos seus dois filhos, Josino e Paulina. As crianças eram agora propriedade de Manuel Antônio da Costa, filho e herdeiro do capitão.

Os que conhecem os arredores da cidade de Campos dos Goitacazes, no norte do estado do Rio de Janeiro, por certo hão de lembrar-se dos vastos canaviais que ainda hoje conformam a paisagem local. Não terão dificuldade em imaginar duas pequenas crianças negras a serpentear por entre as folhas verdes da cana-de-açúcar, a acudir ao chamado do pai. Eram Josino e Paulina. Corriam em direção a Marcelino, que, pelo moleque Miguel, as mandara chamar para dar-lhes a bênção. Ele podia ter passado o resto de sua velhice caminhando entre Curral Falso e a Partido, para abençoar as duas. Mas algo, que nunca se poderá realmente compreender, levou-o a mudar o seu destino para sempre. Com um facão, matou os filhos. Em ambos os corpos, o ferimento no mesmo lugar e na mesma direção: acima da clavícula e de cima para baixo. Nem contusões nem marcas que indicassem ter havido luta foram achadas nos corpos dos pequenos. Pudera: Josino tinha 7 anos e Paulina, 6. Marcelino era pai de dois outros filhos: José, também escravo na Partido, e Luzia, liberta como ele. Não se sabem as suas idades.

O filicídio chocou a todos. Marcelino cometera o mais horroroso dos assassinatos, como vinha atestar um dos primeiros autos do processo, no qual Manuel Antônio da Costa denunciava o ocorrido ao subdelegado de polícia:

> e foram para o lugar onde se achava aquele pai, ou antes, aquele monstro, que os conduziu para umas roças velhas da mesma fazenda, não para saciar saudades, que porventura tivesse dos filhos, mas para cometer nestes o mais horroroso assassinato, pois que aí, com uma faca, que ao depois lhe foi achada inda ensanguentada, os matou, e depois de mortos os ocultou em uma capoeira.

No final da tarde daquele dia, na Partido, deram por falta das crianças. Quatro escravos foram mandados a Curral Falso em busca de notícias. A noite já caíra quando, na volta, encontraram Marcelino. Perguntados pelo liberto sobre o que andavam fazendo, Domingos

Congo, um dos cativos, respondeu-lhe que procuravam por seus filhos. Marcelino chamou o ex-parceiro de lado e confiou-lhe o seu segredo: as crianças estavam mortas, não adiantava procurá-las; ele as matara com um facão e as depositara na roça de Balbino; tivera que fazer isso para não vê-las escravas do senhor moço; pediu, então, ao escravo que as enterrasse e guardasse segredo, prometendo-lhe retribuir a lealdade com uma "molhadura". Domingos nada contou da conversa aos outros três companheiros, apesar de perguntado. Só falou a seu senhor, que organizou uma pequena expedição para a captura de Marcelino. Ele dormia quando sua casa foi cercada.

Tão hediondo fora seu crime, que ninguém ficou do seu lado. O amigo em quem confiava o traiu. A sua mãe o traiu. Marcelino, por seus atos, como que se expatriou da comunidade dos homens. E ninguém parecia compreender bem como aquilo pudera acontecer.

O dono de Curral Falso, Bento Antunes Barreto, foi o primeiro a indagar-lhe a razão do duplo homicídio. O liberto respondeu agora que, se os tinha matado, estava com "o juízo cortado". O feitor da Partido, um pardo, também quis saber o motivo. Marcelino disse que ignorava, que não estava em seu juízo. O inspetor de quarteirão, para a casa de quem foi depois conduzido, do mesmo modo procurou uma resposta. Marcelino, como que perdido em si, devolveu: "Eu cá é que sei por que o fiz". E acrescentou: "Não sei se fiz bem ou mal; se fiz mal está feito". Ainda na casa do inspetor, um lavrador, José Manhães de Azevedo, convocado para auxiliar no arresto, aproximou-se de Marcelino e, em tom próprio a quem indaga às pedras imemoriais, perguntou: "Pois tu tiveste ânimo de matar teus filhos? Nem ao menos te arrependeste depois de ter morto um, e poupar a vida do outro?". Ao que Marcelino, ainda amarrado, redarguiu: "Matei-os, meu senhor, porque eu não estava em meu juízo perfeito, e estou arrependido". No caminho até a prisão, o liberto seria objeto da curiosidade de um outro lavrador branco. Afirmou-lhe que era verdade o ter matado os filhos, e que o fizera com um facão. Acrescentou não poder precisar o local onde deixara as crianças.

* * *

No primeiro interrogatório oficial a que respondeu, Marcelino negou tudo e acusou Domingos Congo de lhe ter inimizade. Indagado se afirmara ter dado cabo de seus filhos para não os ver cativos, continuou negando. Quando quiseram saber se nutria ódio por ver escravas suas crianças, ele mentiu e disse que antes tinha "disto satisfação". Ao lhe perguntarem se não o remoía o remorso, ouviram-no dizer que ele tinha sentimentos, "pois que sempre eram seus filhos".

Domingos Congo afirmou em juízo conhecer Marcelino desde a época em que ambos eram parceiros na Partido. Ressaltou "que não era seu inimigo, que, ao contrário, sempre se deram bem". Sobre as crianças, confirmou ter o liberto a ele reservadamente confessado que as matara para não as ver escravas. Dois dias depois, procedeu-se à acareação, ocasião em que Marcelino confessou seu crime e culpou uma cachaça de quarenta vinténs pela tragédia. O estado de embriaguez foi posteriormente negado por todas as testemunhas.

No final de agosto de 1847, foi juntado aos autos do processo o libelo acusatório contra o prisioneiro. Nele se reclamava a pena de morte para o réu que, "esquecendo da qualidade de pai", assassinara os próprios filhos. Crime horroroso, repetiu-se mais uma vez – e incompreensível: a acusação afirmava não ser possível imaginar um motivo razoável para o delito, para "tão bárbaro e monstruoso procedimento". Sustentava que a versão de embriaguez era falsa, como indicavam todos os testemunhos, e qualificava de "perigosa nas circunstâncias atuais do Brasil" a alegação de que Marcelino matara as crianças para não as ver escravas. As "circunstâncias" em questão eram, possivelmente, em meados do século XIX, as já então insuportáveis pressões britânicas pelo fim do tráfico atlântico, que remetiam à própria capacidade de permanência da escravidão, e os levantes escravos havidos naquela primeira metade do século, mormente os acontecidos na Bahia.

Na contrariedade apresentada por parte do réu, o advogado defendeu a versão de que Marcelino tivera um acesso de loucura. Lembrou que ele não era acostumado a cometer crimes, como era sabido de todos. E chamou a atenção para a condição de liberto do crioulo, alcançada pela boa conduta que sempre soubera manter ante o mundo dos homens livres. Insânia, só podia ser esta a explicação – ideia fixa:

o réu tinha sempre uma ideia fixa, a qual era alcançar a liberdade para os filhos escravos, o que não podendo conseguir, bem podia desenvolver aquelas disposições, empreendendo a mania de assassinar os filhos para os livrar assim do cativeiro.

Marcelino enlouquecera. Apenas a demência cabia como justificativa razoável para explicar a monstruosidade. O liberto não aguentara ver os filhos escravos e os matou: só podia estar louco.

Quando do julgamento, em outubro do mesmo ano, Marcelino reafirmou haver bebido cachaça e acrescentou que sofria frequentes acessos de demência desde que caíra de um cavalo. Tornaram a perguntar-lhe se não matara os filhos por não suportar vê-los escravos. Indagaram se não era verdade que havia confessado a seu defensor que não parava de pensar, com constante pesar, na escravidão de seus filhos e que isso o atormentava. Marcelino negou, argumentando que seu advogado o visitara na prisão apenas para saber se ele possuía testemunhas a apresentar.

Enfim, o júri concluiu que ele premeditara os assassinatos, não estava louco, cometera o crime em lugar ermo e impelido por motivos reprovados e frívolos. Entendeu, ainda, que não havia circunstâncias atenuantes a seu favor e condenou-o à pena máxima, a morte. Era 28 de outubro de 1847. Um segundo julgamento ocorreria no ano seguinte. Naquela ocasião, o júri considerou que o homicídio não se dera em local ermo nem fora premeditado, apesar de não endossar a versão de que o ex-escravo estivesse louco. Mas, de maneira contraditória, não reconheceu outra prova além da confissão do réu. Marcelino foi então condenado às galés perpétuas. Provavelmente, quando a morte lhe chegou, encontrou-o de novo escravizado, ocupado em trabalhos forçados, sob a tutela do Estado.

Teria Marcelino matado seus filhos para não os ver escravos? Nunca se conhecerá toda a história. Jamais se saberá, sequer, a parte mais importante dela, onde certamente tomou forma o que viria a consumar-se naquele meio-dia. No entanto, na sua tragédia pessoal podem ser encontrados elementos que nos ajudam a compreender a história de tantos. De muitos que, como ele, foram escravos. Um ponto de partida para a reflexão é pensar sobre o assombro que a todos parece ter acometido, muito bem enunciado pelas indagações do lavrador José Manhães.[2]

Era como se o ocorrido não pertencesse à ordem do humano. Desde o início, os personagens dessa história macabra procuraram encontrar uma explicação plausível para o que a toda gente se afigurava inaceitável. Uma urgência de verdade a todos envolveu, destruindo lealdades e filiações de antanho. O amigo Domingos Congo logo o traiu, como depois o trairia a própria mãe, revelando aos que andavam à sua procura que, no dia do crime, seu filho saíra com o maior dos dois facões que possuía. Tampouco Marcelino escapou à compulsão de inscrever em algum lugar o que parecia habitar o seio do inominável. A Domingos, e talvez ao advogado, contou da angústia em ver os filhos cativos; aos demais, falou da cachaça e da loucura. Tivesse Marcelino assassinado o senhor dos seus filhos, houvesse ele matado o capitão de quem fora escravo, o feitor ou qualquer outro homem livre, e ninguém lhe indagaria, atônito, como tivera ânimo para praticar tais crimes.

O horror que qualquer assassinato em geral inspira nos vivos foi incontáveis vezes multiplicado por haver o liberto, com sangue, rompido um laço de sangue, cometendo "o mais horroroso assassinato". Isto significa que, para além das presumíveis ordenações de classe, jurídicas, de sexo ou de cor, todos se sabiam coletivamente cientes da importância das relações de parentesco. Escravos ou livres, negros, brancos ou mulatos, não importava: agir daquele modo não era da ordem do humano, da linguagem, era monstruoso. Marcelino podia não ter direito ao trabalho dos seus filhos, que, afinal, eram escravos de Manuel Antônio da Costa, e é possível que não o julgassem a pessoa certa para se inquirir acerca do destino das crianças que pusera no mundo. Mas, ao matá-las, "esqueceu" que delas era pai, agiu como se não o fosse. Abominável: ele mandou às favas um dos pilares em que se assentava a comunidade de todos aqueles homens, as relações parentais.

---

2 Cf. Apêndice 1.

Com naturalidade encaravam-se os escravos que viviam inseridos em famílias. Nada significava, no caso, que o réu fosse um forro – ele continuava prisioneiro da escravidão, sob muitos e variados aspectos. A sociedade escravista não julgava crime separar pais de filhos escravos, irmãos ou esposos cativos. Mas sabia que parte substancial da escravaria era uma intrincada rede de vínculos parentais e não conseguia sequer imaginar que pudesse ser diferente. O escravo pertencia à comunidade dos homens, afinal. Por isso, apenas um muito estranho ânimo levaria um pai (cativo ou não) a matar os próprios filhos.

Contudo, por que não abreviaram os dias que ainda restavam a Marcelino, como quis o primeiro júri, condenando-o à morte? Por que, afinal, contentaram-se em obrigá-lo a retornar à condição de escravo, dessa vez, quem sabe, para esfalfar-se trabalhando em abrir as estradas do Império? Porque ele nascera escravo, simplesmente.

Marcelino horrorizou a todos quando matou Josino e Paulina. Violou o que ninguém julgava possível ser violado. Afrontou as mais elementares e sedimentadas certezas daqueles lavradores. Traiu o amigo e até a mãe, a quem roubou os netos. É evidente que o fato de uma certa ideia de loucura já frequentar o aparelho judicial, conformando veredictos, jogou o seu papel na comutação da pena capital. Mas, talvez, o mais importante a ser lido na sentença definitiva diga respeito à ambiguidade singular em que vivia uma sociedade na qual os trabalhadores eram também mercadorias. Entre a alternativa de expiar por completo o terror do espetáculo de "desumanidade" protagonizado pelo liberto e a chance de abocanhar o seu trabalho, ela se decidiu pela última, sem deixar de horrorizar-se.

Essa mui cruel história de Marcelino Francisco Inácio é especialmente instrutiva. Revela que têm razão muitos historiadores quando supõem que a família escrava era uma realidade estrutural da sociedade de então. É provável que tenha sido um fenômeno de longa duração e generalizado por toda a América escravista, embora, é evidente, assumindo padrões diferenciados segundo a existência ou não de determinados fatores (de resto, não de todo conhecidos).

A triste história de Marcelino lança alguma luz, enfim, sobre as armadilhas que as fontes históricas criam para os que se entretêm em interpretá-las. Lê-las apressadamente é o melhor meio de fazê-las mentir. Afinal, pensando bem, soa contraditória a coexistência da perplexidade de Manhães e da gula pelo trabalho do liberto. Mas não encontrariam o caminho justo os que se decidissem por uma em prejuízo da outra. Porque, pensando melhor ainda, a realidade era contraditória, se for uma contradição tentar fazer equivaler homens a mercadorias.

PARTE 1

1

Da guerra e da paz entre os escravos

Houve uma época, e não faz muito, em que a historiografia tinha grande dificuldade de encontrar um caminho justo para avaliar aspectos centrais da escravidão, mormente aqueles relativos à família escrava. Na década de 1950, julgou que a escravidão era uma forma de organização social de efeitos tão deletérios e reificadores sobre os escravos que fazia viger, nas senzalas, a anomia (isto é, a ausência de leis, de normas ou de regras de organização) e a promiscuidade. Lia-se muito mal o célebre comentário escrito por Debret na primeira metade do século passado, segundo o qual, devido à desproporção entre os sexos, os senhores costumavam atribuir uma escrava a quatro parceiros e eles que se arranjassem.[1] Tempos depois, vaticinou que as famílias escravas, por economicamente inviáveis, só existiriam como exceções.

---

1 "Como um proprietário não pode, sem ir de encontro à natureza, impedir aos negros de frequentarem as negras, tem-se por hábito, nas grandes propriedades, reservar uma negra para cada quatro homens: cabe-lhes arranjar-se para compartilharem sossegadamente o fruto dessa concessão, feita tanto para evitar os pretextos de fuga como em vista de uma procriação destinada a equilibrar os efeitos da mortalidade" (Debret, *Viagem histórica e pitoresca ao Brasil*, p.196).

Não é nosso propósito fazer um inventário dos estudos que se pronunciaram sobre a família escrava. Aqueles que forem curiosos o suficiente para se interessarem pelo tema têm já à disposição uma vasta e sólida bibliografia. Do Sul dos Estados Unidos, referencial que serviu para ser abordado pela primeira vez, passando pelo Caribe e pelo Brasil, o assunto, desde a década de 1970, vem sendo pesquisado à exaustão.[2] Esse esforço de investigação é um capítulo particularmente interessante dos estudos históricos recentes sobre a escravidão, porque contém modulações importantes não apenas no estilo de conceber as relações familiares escravas, mas também de interrogar o passado e reescrever a história.[3] Foi a incorporação de novos tipos de fonte, em geral maciços e seriados, de natureza demográfica e quantificáveis, que permitiu conhecer melhor o que, até então, era tido por incompatível com o cativeiro.

A presente pesquisa parte de uma certa fase do conhecimento historiográfico na qual a existência em si das relações familiares entre os cativos não é mais considerada um problema, posto que item já solucionado: poucos são os pesquisadores que ainda duvidam da importância dos vínculos familiares na vida dos escravos. Vale a pena, contudo, fixarmos alguma atenção sobre um aspecto que, há cerca de vinte anos, impedia os historiadores de conhecer as famílias escravas. Como dissemos, elas eram tidas como economicamente inviáveis. Este é um dado importante à nossa argumentação, como se verá.

Quem na verdade popularizou esse ponto de vista entre nós talvez tenha sido Jacob Gorender. Ele buscou no cálculo econômico empresarial escravista a origem de uma perversa lógica demográfica. A população cativa tenderia ao decréscimo absoluto, por ser este o resultado demográfico esperado do exercício de uma lógica empresarial

2 Cf. o excelente trabalho de José F. Motta, "Família escrava: uma incursão pela historiografia", *História: Questões & Debates*, n.16, p.104-59, 1988; cf. também de Maria H. P. T. Machado, "Em torno da autonomia escrava ", *Revista Brasileira de História*, v.8, n.16, p.143-60, 1988.

3 Slenes, "Lares negros, olhares brancos", *Revista Brasileira de História*, n.8, v.16, p.189-203, 1988.

baseada na busca da maximização dos lucros.[4] A demografia da escravidão se pautaria pela preferência senhorial por elementos do sexo masculino, em tese mais adequados às rudes tarefas intrínsecas às grandes propriedades. A empresa selecionava o sexo – e também a idade – porque almejava o trabalho: os cativos deveriam estar aptos à integração imediata ao processo produtivo; assim, era preferível que fossem homens adultos.[5] Economia fundada na incorporação de braços como condição fundamental para a sua reprodução ampliada, a escravidão parecia – no arguto olhar de Celso Furtado – presa de um paradoxo, ao reger-se por uma lógica de altíssimo desperdício de mão de obra.[6] Afinal, dificultava a capacidade de procriação dos trabalhadores (em função do desequilíbrio etário-sexual) e incrementava as taxas de mortalidade devido às duras jornadas de trabalho. O tráfico transatlântico, no entanto, tornava congruente e necessário o que à primeira vista se afigura contraditório: o comércio negreiro era uma variável central para a determinação das opções empresariais. Fazendo vir ao Brasil negros em muito boa conta, possibilitava intensificar a jornada de trabalho do cativo até o seu limite e, logo após, substituí-lo com facilidade.

A vigência do tráfico e os baixos preços da mão de obra por ele propiciados teriam, portanto, levado os senhores a assumir peculiares padrões de cálculo econômico e demográfico. Em termos gerais, em especial nas áreas de agroexportação, a reprodução endógena estaria definitivamente comprometida pelos altos índices de desequilíbrio entre os sexos. Além disso, haveria uma grande mortalidade dos recém-nascidos e infantes que, por não possuírem grande valor econômico (ao invés, representavam custos de manutenção), eram negligenciados pela lógica empresarial: poucos chegavam à idade produtiva e sexualmente fértil. Mas o desperdício de mão de obra era apenas aparente: a velocidade de amortização do investimento inicial para a compra do

4 Gorender, *O escravismo colonial*, p.321-3.

5 Ibid., p.323-4.

6 Furtado, *Formação econômica do Brasil*, *passim*; cf. tb. Gorender, op. cit., p.321.

escravo era maior, com o benefício e o reinvestimento realizados em menor tempo.[7]

Esse modelo geral, embora flutue ao sabor das variações dos preços da produção escravista, aplicar-se-ia ao período anterior a 1850. Com a proibição definitiva do tráfico, ao mesmo tempo que o preço dos cativos sofria um aumento generalizado, os senhores brasileiros buscariam prolongar-lhes a vida útil. Assim, o desequilíbrio entre os sexos foi diminuindo.[8] A empresa ter-se-ia adaptado à melhoria das condições materiais dos escravos, à custa de menores ganhos. O índice de sobrevivência dos recém-nascidos teria crescido e o tempo de vida útil dos adultos teria aumentado, enquanto também se dilatavam as suas potencialidades autorreprodutoras.[9] Tais mudanças se traduziriam, por exemplo, na maior incidência de famílias escravas.

A escravidão assim pensada assentava-se em um postulado básico: a empresa escravista estaria movida por – e o devir histórico, associado a – uma férrea racionalidade econômica, sendo seu agente maior, o senhor, o *homo economicus* por excelência. No entanto, se uma imagem puramente econômica se ajusta ao empresário capitalista, a sua transposição às fazendas brasileiras do passado requer delicados manejos. O *homo economicus* é uma criação histórica do capitalismo, uma invenção humana posterior à maior parte da história da escravidão moderna. Antônio Barros de Castro argumentou de modo convincente sobre como e por que ao senhor de escravos não caem perfeitamente bem essas vestes historicamente tão recentes.

É certo que, desejoso de maximizar seus lucros, o senhor de escravos tendia a adotar um cálculo econômico "moderno", já que se achava preso a uma engrenagem econômica ampla sobre a qual exercia desprezível influência. Sob esse aspecto, parece haver maiores similitudes que desajustes entre o escravista e o contemporâneo capitão de indústria. Mas, do mesmo modo, isso são apenas aparências, na verdade. Os elementos desse cálculo não coincidem, pois são traduções de sociedades

---

7 Cf. Conrad, *Os últimos anos da escravatura no Brasil*, p.22.

8 Klein, "The Internal Slave Trade in 19th-Century Brazil", in: *The Middle Passage*, p.95-120.

9 Prado Jr., *Formação do Brasil contemporâneo*, p.277.

portadoras de racionalidades distintas. O empresário capitalista não obtém seus lucros mediante a coerção extraeconômica: cabe à "pressão surda das condições econômicas" o papel do feitor.[10]

O senhor escravista, pelo contrário, devia obrigar o seu cativo a trabalhar e a obedecer, se quisesse continuar dono de coisas e gente. Diferença fundamental do ponto de vista analítico, chega a ser pueril supô-la expressa em cálculos puramente econômicos. O "cálculo" senhorial não podia ser estritamente econômico, talvez nem pudesse sê-lo predominantemente. Dos escravos, por definição, não se esperava que trabalhassem por se os haver separado dos meios de subsistência e, mesmo, do direito sobre o seu corpo: se os obrigava. *As estratégias senhoriais deveriam ser, antes de mais nada, políticas.* A política escravista não pode ser resumida aos custos econômicos da manutenção de um aparato de vigilância sobre os cativos, os quais incidiriam sobre a taxa de rentabilidade do sistema e contribuiriam para adequar a níveis ótimos o tratamento conferido aos escravos. Transformar um fenômeno de natureza política (a má vontade do escravo) em uma variável econômica, de maneira simplista e apressada, significa a despolitização da política e não permite constituir legitimamente um problema teórico relevante, tornando impossível o conhecimento de seu exato significado para o funcionamento do sistema.

Por que se pôde fazê-lo é evidente. O escravo era uma mercadoria, objeto das mais variadas transações mercantis: venda, compra, empréstimo, doação, transmissão por herança, penhor, sequestro, embargo, depósito, arremate e adjudicação. Era uma propriedade. O ordenamento jurídico da sociedade o constituía como tal, exceto no que concerne à transgressão da lei. Gorender tem razão, aliás, ao considerar que "o primeiro ato humano do escravo é o crime".[11] A legislação cuidou, é verdade, de regular o seu uso, como sói acontecer com outros tipos de propriedade. A proibição de castigos cruéis é um exemplo. Mas apenas reconhecia humanidade no escravo por ocasião

10 Castro, "A economia política, o capitalismo e a escravidão", in: Amaral Lapa (Org.), *Modos de produção e realidade brasileira*, p.93-4.

11 Gorender, *O escravismo colonial*, p.65. Gorender reuniu todos esses tipos de transações mercantis à p.78.

do crime, pois, afinal, nenhuma outra propriedade é punível. Pode-se dizer, portanto, que o crime era o primeiro e único ato do escravo que o humanizava – na lei. Mas se até a lei consignada nos códigos estava obrigada a reconhecer a natureza especial dessa coisa-propriedade, convenhamos, os senhores, que lidavam com seus escravos nas soleiras de suas portas, deviam ter muito mais motivos para fazê-lo.

A verdade é que a recriação temporal da sociedade escravista era uma questão essencialmente política, e as relações familiares escravas cumpriram papéis políticos.

Temos visto que parcela expressiva da historiografia acostumou-nos a pensar o cativeiro como uma forma de organização social na qual as relações entre as classes são marcadas por uma beligerância cuja ferocidade dificilmente seria igualada em outras sociedades. Na certa foi por isso que já houve quem a ele se referisse como um "sistema social composto de classes explicitamente antagônicas".[12] Que seja. A realidade, porém, é que o fascínio causado pelo combate cotidiano entre os senhores e suas mercadorias inteligentes terminou por obscurecer os deslocamentos de uma outra refrega, de igual modo muito importante à compreensão dessa peculiar sociedade. Ao largo da casa-grande, quem sabe apenas intuída pela cobiça senhorial, gestava-se a guerra cativa por excelência, silenciosa, virtual por definição.

Marshall Sahlins possui um estudo estimulante sobre as sociedades tribais, que bem pode ser de auxílio.[13] O que caracterizava as sociedades tribais, em relação à civilização que as deslocou para as fímbrias da história, era a ausência de um poder constituído e organizado pairando sobre o conjunto de seus membros. Na civilização, o indivíduo é súdito e a soberania do Estado se expressa através do monopólio da força, que a todos atemoriza e submete. Nas sociedades tribais, em contrapartida, a ausência desse tipo institucional de garantia da paz

12 Castro, "A economia política, o capitalismo e a escravidão", in: Amaral Lapa (Org.), *Modos de produção e realidade brasileira*, p.78.

13 Cf. Sahlins, *Las sociedades tribales*.

fazia que seus integrantes vivessem em um estado social de guerra, isto é, se percebessem donos do direito de empregar a força e guerrear. Contudo, embora a guerra fosse prerrogativa de todos contra todos, jamais se efetivava.[14] Aí residia o signo maior da sabedoria tribal: a luta contra a guerra e a busca da paz, consoante a experiência da virtualidade da primeira.[15] Portanto, as trocas materiais se convertiam em tratados de paz, assumindo feições de reciprocidade. Os laços parentais, por sua vez, criavam uma sólida base para o relacionamento pacífico, assim como as cerimônias rituais. Não é gratuito, pois, que, em determinadas línguas africanas do leste, comércio ou troca também signifiquem paz, do mesmo modo que, entre os nuer, parentesco e paz sejam sinônimos. Entre os habitantes das ilhas Fidji, estranho ou estrangeiro equivalem a não aparentado, isto é, aquele a quem se pode comer.[16]

A ausência de um poder exterior que a todos obrigue; a pulverização do mando que, no limite, o torna irreconhecível; a virtualidade da guerra, por prerrogativa de todos e de qualquer um; a possibilidade da existência confinada à inevitável e incessante procura da consecução da paz – estes os elementos característicos da vida tribal, no olhar hobbesiano de Marshall Sahlins. Há analogias possíveis com a experiência escrava.

Os plantéis, mormente os mais numerosos, deviam assemelhar-se a lugares privilegiados da dissensão e do conflito. São inúmeros os vestígios conhecidos das clivagens que apartavam e desuniam a escravaria. Os relatos dos viajantes são fontes riquíssimas nesse sentido, chamando a atenção para a difícil convivência entre africanos e crioulos, ou entre os próprios africanos. O sacerdote Walsh, por exemplo, visitando o Rio de Janeiro na primeira metade do século XIX, registrou a respeito:

---

14 "[...] em uma situação de hostilidade, em que todos se sentem com direito a investir contra todos, o estabelecimento da paz não pode ser um acontecimento interno fortuito. Ele se converte em um processo contínuo, que entranha a própria sociedade. Na medida em que a guerra está implícita, o estabelecimento da paz se converte em uma necessidade explícita [...]." Ibid., p.20-1.

15 Ibid., p.21-2.

16 Ibid., p.24.

> A população negra é composta de oito ou nove castas diferentes, que não têm uma linguagem comum nem são ligadas umas às outras por nenhum laço, a tal ponto que frequentemente eles se empenham em lutas e batalhas, das quais chegam a participar até duzentos indivíduos de uma nação de cada lado. Os brancos incentivam essa animosidade, procurando mantê-la viva, por acharem que ela está intimamente associada à sua própria segurança.[17]

Henry Koster, um inglês que se tornou senhor de engenho no Nordeste brasileiro por essa mesma época, e que costumava espiar, de sua rede, fingindo-se adormecido, as saídas furtivas e noturnas de seus cativos, deixou-nos estas elucidativas reflexões:

> penso que um africano quando se adapta e parece ter esquecido sua primitiva condição, é um servo tão valioso como um crioulo negro ou um mulato. Merece, em geral, mais confiança. Longe de submeter-se humildemente à situação em que nasceram, eles [os crioulos] roem o freio da escravidão com impaciência. O aspecto diário de tantos indivíduos de sua raça que são livres leva-os a desejar a igualdade e lamentar a cada momento seu infortunado cativeiro. A consideração com que pessoas livres, de castas mestiçadas, são acolhidas, tende a aumentar o descontentamento dos seus irmãos escravos. Os africanos não sentem isso porque são considerados pelos seus irmãos de cor como seres inferiores, e a opinião pública estabeleceu uma linha entre ambos, de tal sorte que o escravo importado crê que o crioulo e ele não têm origem comum.[18]

Jean Baptiste Debret, ainda na primeira metade do século XIX, asseverava que os negros no Brasil julgavam seus irmãos de sorte, os mulatos, como "monstros", uma "raça maldita". E explicava: "na sua crença, Deus a princípio criou apenas o homem branco e o homem negro".[19] Saint-Hilaire deixou o registro de um diálogo seu com um africano, em Minas Gerais, na segunda década do Oitocentos. O preto

17 Walsh, *Notícias do Brasil*, p.155.

18 Koster, *Viagens ao Nordeste do Brasil*, p.400-1.

19 Debret, *Viagem histórica e pitoresca ao Brasil*, p.162.

com quem conversou já não sentia saudades da África, pois, como explicou ao botânico, chegara ao Brasil havia muito, quando nem tinha barba. Havia-se habituado, mas não com os crioulos. Perguntado se era casado, respondeu:

> Não: mas vou me casar dentro de pouco tempo; quando se fica assim, sempre só, o coração não vive satisfeito. Meu senhor me ofereceu primeiro uma crioula, mas não a quero mais: as crioulas desprezam os negros da costa. Vou me casar com outra mulher que a minha senhora acaba de comprar; essa é da minha terra e fala minha língua.[20]

Mas os relatos de viajantes não são a única fonte a alertar para essa peculiaridade da escravidão. Um dos poucos testemunhos diretos de cativos com que contamos, no Brasil, diz o mesmo. É o caso da notável proposta de paz, elaborada pelos escravos fugidos do Engenho Santana, na Bahia. Em 1789, liderados por um crioulo de nome Gregório Luiz, cinquenta ou mais escravos assassinaram o feitor e fugiram para as matas próximas. Durante dois anos infernizaram a vida do senhor de todos, Manuel da Silva Ferreira. Acossados por expedições militares, no entanto, enviaram a este, por escrito, as circunstâncias sob as quais retornariam, voluntariamente, ao cativeiro. Pediam melhores condições de trabalho, a oportunidade de cultivar gêneros alimentícios e comercializá-los, além de conforto material e direito de "brincar, folgar e cantar" quando lhes conviesse. Duas das reivindicações interessam de perto. Ei-las:

> Não nos há de obrigar a fazer camboas, nem a mariscar, e quando quiser fazer camboas e mariscar mande os seus pretos minas. Para o seu sustento tenha lancha de pescaria ou canoas do alto, e quando quiser comer mariscos mande os seus pretos minas.[21]

O tratado enviado a Ferreira começava, de maneira muito sugestiva, declarando: "Meu senhor, nós queremos paz e não queremos guerra".

20 Saint-Hilaire, *Viagem pelas províncias do Rio de Janeiro e Minas Gerais*, p.53.
21 Reis; Silva, *Negociação e conflito*, p.123-4.

No entanto, essa paz que procuravam reatar com o senhor assentava-se na continuidade de uma outra peleja, a que moviam contra os minas. Ferreira fingiu aceitar os termos da proposta, viu-os retornar ao Santana, vendeu os líderes da revolta para o Maranhão, mandou prender Gregório e a vida retornou ao normal no engenho. Provavelmente, minas e crioulos continuaram a mariscar juntos.

Na documentação reunida para o presente livro, também foram encontrados elementos que confirmam a existência de dificuldades na convivência entre os escravos, como a preferência pelas uniões matrimoniais endogâmicas por naturalidade. A seletividade na escolha dos parceiros significava uma opção preferencial por iguais, isto é, exprimia um duplo e simultâneo movimento de constituição e de recusa do outro. Sob a reiteração desse arranjo matrimonial é possível perceber a produção recorrente do dessemelhante, do estrangeiro. O *status* comum de escravos não era suficiente para aparar as arestas entre uns e outros. Ao contrário, é provável até que o cativeiro muito contribuísse para exasperar as diferenças que os constituíam, em mais de um sentido. Por que não? A escravidão, afinal, não devia ser um meio muito propício ao acalanto de sentimentos mais tolerantes.

A verdade é que um plantel não era, em princípio, a tradução de um *nós*. Reunião forçada e penosa de singularidades e de dessemelhanças, eis como melhor se poderia caracterizá-lo. Tê-lo assim, contudo, significa postular igualmente a inusitada ideia de que por sobre esse conjunto de disparidades não pairava necessariamente um poder maior, capaz de reduzi-lo à unicidade. Escravidão sem senhor? Não exatamente.

A sociedade escravista tinha no mercado de almas o veículo maior de reprodução estrutural da sua mão de obra. Do reiterativo acesso a ele derivava ser a escravaria um conjunto marcado por altos graus de desarraigo social, devido à incessante introdução de forasteiros. O cativeiro assentava-se na contínua produção social do estrangeiro (isto é, antropologicamente falando, de um indivíduo desprovido de laços parentais) e não estava nas mãos do senhor interromper o mecanismo que continuamente instaurava a diferença em seu plantel. Não lhe era possível prescindir desse mercado para tocar suas fazendas e, por isso, de certo modo, também ele estava condenado a ser um estrangeiro em meio aos homens que comprava. Assim, deve-lhe ter sido difícil, muitas vezes, assumir a figura do *pater* e dissolver a dissimilitude que se encarnava em sua escravaria, transformando-a numa única prole de filhos/agregados. O tráfico talvez não tenha sido bom par do patriarcalismo. Mas o cativeiro tampouco deve ter sido a expressão datada de uma estranha esquizofrenia sociológica caracterizada pela disjunção entre duas culturas: uma senhorial e branca, a outra negra e escrava.

A cooperação entre os cativos deve ter sido fundamental, em primeiro lugar, a eles próprios. O avesso da paz significaria simplesmente a anomia, o outro nome da guerra, e os homens, por definição, não vivem para além da regra. Na condição de escravos, tocava-lhes representar o objeto da cobiça de todos os senhores. Eram eles, como grupo, o alvo da beligerância que tanto tem impressionado os estudiosos da escravidão. Portanto, devia se lhes afigurar vital construir laços de solidariedade e de auxílio mútuo que os ajudassem a sobreviver no cativeiro – a levar a vida, como bem o afirmou Antonil. Dissímeis, posições de singularidade, pontos nos quais se encarnava o particular que, de maneira sincrônica, constituía o outro e o recusava, estavam condenados a produzir-se em um *nós*. Estavam fadados a procurar instituir a paz. E fizeram-no, constante e paulatinamente, mediante a criação e a recriação de laços diversos, os de parentesco inclusive. Os cativos faziam e refaziam o parentesco, enquanto o mercado produzia e produzia mais uma vez o estrangeiro.

Espécie de meta-*nós*, era o parentesco escravo a possibilidade e o cimento da comunidade cativa. Era o amálgama imprescindível a senhores e escravos, por intermédio do qual se tecia a paz das senzalas. Ao cativo, ele tornava possível esconjurar a anomia, pelo estabelecimento de regras através das quais a vida poderia ser vivida. Ao senhor, ávido de homens pacificados, permitia auferir uma renda política, cuja contabilidade, por não aparecer nunca de maneira óbvia nos inventários que deixavam, tem sido com frequência despercebida. O movimento incessante de criação e recriação de parentesco cativo era um elemento-chave no processo pelo qual se produzia o escravo.

Figura 1

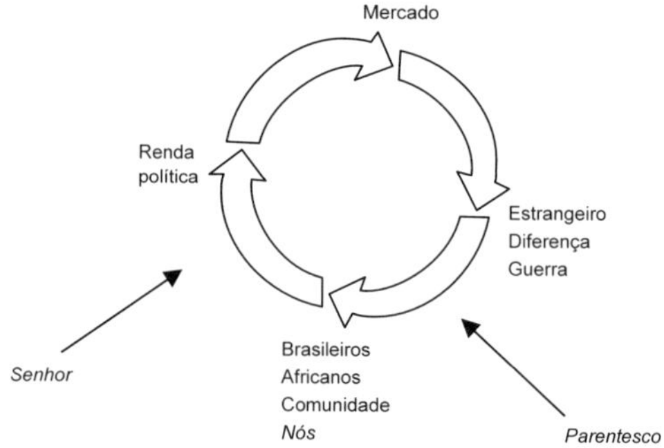

Não é suficiente apresar um homem para se possuir um cativo – é preciso torná-lo escravo. No Brasil, o processo de produção social desse tipo específico de trabalhador iniciava-o o mercado, pela introdução do estrangeiro, e concluía-o o próprio escravo, tornado africano e brasileiro, membro de uma comunidade, de um *nós* cativo. Apenas assim, era possível ao senhor auferir uma renda política sem a qual o seu retorno ao mercado estaria comprometido. E o ciclo recomeçava (ver Figura 1). O cativeiro era estruturalmente dependente do parentesco cativo.

2

Dos suportes deste estudo

Será o cativeiro uma vetusta relíquia, amontoado irreconhecível de tecidos mortos, ou, antes, um ainda bem conservado e influente espectro, fantasma-encarnação das tais circunstâncias herdadas com as quais os homens involuntariamente se defrontam, e sob as quais procuram dirigir as suas vidas e histórias? É provável que ambas as coisas.

A favor do primeiro enunciado existe a exageradamente óbvia constatação de que muito diferentes, em essência distintos, são os meios pelos quais "ganhamos" a vida, personificações que somos de uma sociedade capitalista, industrializada e urbana, cidadãos e não cidadãos ocupados em inserirmo-nos e permanecermos de alguma forma na maquinaria que nos provê a subsistência em troca do trabalho. Este é, aliás, um ótimo indicador do quanto é definitiva e radical a morte da sociedade agroescravista: nela, a parte mais significativa dos trabalhadores – os cativos – com frequência procurava meios de fuga, ao passo que na nossa somos levados a empreender o percurso inverso. Sem a menor sombra de dúvida, portanto, o passado, e com ele a escravidão, estão irremediavelmente mortos. Estarão, no entanto, irreconhecíveis?

Num certo sentido, também essa proposição é verdadeira. A escravidão apenas pode subsistir na ideia que os historiadores dela fazem: está condenada a ser, para sempre, uma invenção. Dizê-la uma invenção, no entanto, não significa tê-la por irreconhecível. Há, como é sabido, meios melhores e mais eficazes do que outros para investigar o passado: pode-se ser antes explicativo que descritivo, segundo se interroguem os vestígios de uma maneira controlada – científica, se quiserem. Entretanto, se é verdade que os métodos de investigação histórica vêm sendo aprimorados todo o tempo, possibilitando a postulação de novos objetos e novas técnicas de pesquisa, o trabalho do historiador não deixa, por isso, de assemelhar-se à infindável e absurda labuta de Sísifo. Evidente: também nos é peculiar inquirir o passado a partir do presente, o qual nos constitui – a nós e a nossas questões.

Todas as gerações estão condenadas, pois, a inventar e a reinventar indefinidamente as sociedades do passado. Nesse sentido, a escravidão tornou-se, para sempre, tecido morto, irreconhecível. Nada desesperador, contudo; tampouco para os que protagonizaram seu enredo terá sido diferente, isto é, escravos e senhores também viveram numa espécie de invenção. A humanidade, afinal, vive *na* e *pela* metáfora. A história instala-se, portanto, nessa fronteira ambígua entre o irreconhecível e o conhecimento mutante possível, entre o que fomos – ou supomos haver sido – e o que somos – ou imaginamos ser.

O segundo enunciado é igualmente verdadeiro: a escravidão, abolida há mais de cem anos, diria um velho filósofo meio fora de moda, ainda oprime como um pesadelo o cérebro dos vivos. Marca indelével na constituição do país, a nenhum de nossos escritores ou historiadores escapou o seu imenso significado na formação do Brasil. Desde 1888, cronistas, ensaístas, letrados em geral e historiadores não fizeram outra coisa a não ser reinventá-la mil vezes.

Bem pesados os fatos, este livro é movido por uma inquieta curiosidade ante a original configuração de nossa cultura. O propósito é simples e óbvio: ajudar a escrever a História do Brasil, na convicção de que o seu segredo mais recôndito e a sua identidade – se um ou outra houver – estão ocultos em circunstâncias e hábitos cujos sinais remanescentes ainda não foram estudados à exaustão. Cientes de que um trabalho de pesquisa histórica é argumentativo por natureza – diz, demonstra e busca convencer –, procurou-se seguir a regra.

Tampouco perderam-se de vista os limites além dos quais a palavra do historiador perde substância e definha.

A escravidão teve, entre nós, uma duração de quase quatro séculos – quatro vezes mais, portanto, do que a experiência do trabalho livre. De variadas formas, o passado escravista ainda supera o presente. Assim, o que esta obra pretende é abordar a família escrava – detendo-se sobretudo em suas relações com o tráfico atlântico de africanos, um aspecto que muito pode ensinar acerca de tamanha estabilidade. Para tanto, foram revirados arquivos, esmiuçadas correspondências, desvendados segredos guardados por livros da Igreja Católica, analisados processos-crimes e, em especial, dissecadas informações contidas em inventários e testamentos, em busca de vestígios que ajudassem a compor as feições de uma civilização na qual a vida não podia mais ser vivida.

Não acalentamos a ilusão de havermos sido mais bem-sucedidos do que outros. Quando menos porque este trabalho – talvez ao exagero – é um exercício acerca das possibilidades de determinado tipo de fonte, os inventários *post-mortem*, para o entendimento das relações familiares entre os escravos. Além disso, o conhecimento histórico é, por natureza e inteligência, uma empresa coletiva. Juntamos, pois, indícios, pistas e, às vezes, provas que podem tornar menos obscuro esse objeto tão recente. Os inventários, iniciados por ocasião do falecimento dos que possuíam algo a arrolar, na maioria das vezes são pródigos em informações acerca dessas estranhas mercadorias humanas. São peças escritas por judiciosos funcionários (os havia) que nos dão a conhecer o nome dos escravos, suas idades, condições físicas, preços, além dos laços parentais mais evidentes (quase sempre os de primeiro grau). Foram consideradas todas as peças abertas em anos terminados em zero, um, dois, cinco, seis e sete (além daquele de 1789), entre 1790 e 1830. No total, foram pesquisados 374 inventários, em que se encontrou o número de 6.620 cativos.[1]

---

1 Os inventários eram originários das seguintes localidades (os nomes são os atuais): São João da Barra, Campos, Santo Antônio, Macaé, Rio das Ostras,

Os inventários são desiguais na riqueza de informações. Se havia homens verdadeiramente metódicos na anotação das características conhecidas dos escravos (e relevantes para o mercado), havia também os que pareciam ter pressa na execução de seu ofício. Por vezes, nem sequer anotavam-lhes a idade, um elemento-chave na avaliação desse peculiar bem. Assim, em algumas ocasiões, sempre explicitadas no texto, foi necessário selecionar aqueles cuja confecção indicasse maior zelo. É evidente que não entraram nos critérios de seleção as informações concernentes aos vínculos parentais entre os cativos, pela óbvia razão de que, se tivessem sido utilizadas, estaríamos a adulterar previamente os resultados. No que chamamos de série ajustada, foram reunidas as peças que continham informações simultâneas sobre sexo, idade, naturalidade, preço e condições de saúde, mesmo que nem todos os pertencentes a um determinado plantel fossem aquinhoados com tamanha acuidade.[2]

Cabo Frio, Maricá, Itaipu, Pendotiba, Niterói, São Gonçalo, Itaboraí, Magé, Rio de Janeiro, Inhomirim, Três Rios, Valença, Rezende, Nova Iguaçu, Guaratiba, Itaguaí, Mangaratiba, Ilha Grande, Mambucaba e Parati. Para dar maior consistência à amostragem, foram agregados os inventários de 1789 aos de 1790. Nos intervalos 1790-1807, 1810-1825 e 1826-1830, obtiveram-se, respectivamente, 148, 150 e 52 inventários rurais com escravos, e 6, 11 e 7 sem cativos. Outros respectivos 5, 20 e 13 inventários estavam incompletos ou deteriorados. Nos 148 inventários escravistas de 1790-1807, havia 2.020 cativos cujo sexo era discriminado e 1.953 com indicação de naturalidade (crioulo ou africano). Em 130 inventários constavam 1.636 cativos com idade. Nos 150 inventários de 1810-1825, havia 3.470 cativos com registro de sexo; desses inventários, 148 traziam informações sobre a naturalidade de 3.068 escravos e 120 peças informavam acerca das idades de 2.534 cativos. Por fim, para 1826-1830, existiam 52 inventários com 1.130 escravos cujo sexo era discriminado e 998 cativos com indicação de naturalidade; em 50 inventários, puderam-se encontrar 905 cativos com idade registrada.

2 Para 1790-1807, foram obtidos 78 inventários rurais com tais características, dos quais constavam 1.221 cativos com registro de sexo, 1.189 com indicação de naturalidade e 1.143 com indicação de idade. Para 1810-1825, a amostragem chegou a 94 inventários, dos quais constavam 2.271 cativos com registro de sexo, 2.087 com informações sobre a naturalidade e 1.957 com idades. Por último, para 1826-1830, havia 23 inventários com 621 escravos cujo sexo era discriminado, 606 com indicação de naturalidade e 597 com idade registrada.

Numa carta a seu pai, Kafka escreveu que o vivo não comportava cálculo. Talvez desconfiasse da variedade e frequência das contas que os historiadores costumam fazer para ressuscitar os seus mortos. Buscamos, pois, em outros tipos de fonte (processos criminais, crônicas e relatos de viagens coevas, por exemplo) sinais que pudessem ajudar a lapidar nosso objeto, mas a fonte principal, reiteramos, foram esses inventários, documentos adequados à quantificação. Por meio do cálculo de médias, índices e frequências, procurou-se mensurar certos padrões que se iam revelando ao compasso das indagações surgidas, sem nunca perder de vista que todo número admite diversas leituras. O resultado dessa labuta, e as reflexões que a acompanharam, é o que ora apresentamos.

Nas páginas que se seguem a família escrava não era de modo algum mero epifenômeno, nem estava diluída no escopo patriarcal dos proprietários. Tampouco sucumbia à violência nem era, primariamente, um veículo de controle senhorial. Pelo contrário, ao caracterizar-se enquanto meio de organização e pacificação dos cativos, ela lhes fornecia sólidos pilares para a construção e reconstrução de padrões mentais e de comportamento *próprios de uma cultura afro-brasileira.* Mais ainda, em virtude de se constituir em instrumento da paz social, por vias indiretas a família escrava acabava por assumir feições de uma *renda política* para os senhores. Não vamos nos restringir, contudo, apenas à demonstração da reiteração temporal (isto é, estrutural) das relações parentais entre os escravos durante a vigência do tráfico atlântico de africanos. Tentaremos também estabelecer uma tipologia de arranjos familiares típicos dos cativos, além de indicar alguns dos padrões socioculturais através dos quais esses arranjos se realizavam e se reiteravam temporalmente.

Nosso pano de fundo é o agro fluminense entre a última década do Setecentos e a primeira metade do Oitocentos, mais especificamente o período 1790-1830, o que não nos impediu de incursionar por outras épocas. Trata-se de uma área e de um tempo próprios à empreitada, pois ali existia uma economia escravista marcada por alto grau de integração ao mercado internacional, com a reprodução física da escravaria se realizando, no fundamental, através do tráfico atlântico de africanos.[3]

Em 1789, a população da capitania do Rio de Janeiro aproximava-se dos 170 mil habitantes, sendo metade de escravos. Três entre cada quatro cativos estavam assentados na área rural, onde compunham 51% da população total. Em 1823, os escravos constituíam apenas um terço dos habitantes da capitania, porém, em termos absolutos, alcançavam mais de 150 mil pessoas – quase o dobro da cifra de 1789. No início da década de 1820, o campo ainda concentrava três quartos de todos os escravos da agora província do Rio de Janeiro, continuando eles a representar a metade do contingente humano que povoava a paisagem agrária.

As *plantations* conformavam o coração da agroexportação. Desde fins da década de 1770, a capitania possuía 323 engenhos de açúcar, nos quais viviam 11.623 cativos. Por então, os engenhos com mais de 41 escravos (um quinto do total) detinham cerca de 55% dos cativos, o mais acentuado perfil de concentração de mão de obra escrava do Sudeste brasileiro. A maior parte desses estabelecimentos se localizava no Norte fluminense, principalmente na região de Campos dos Goitacazes, onde o complexo açucareiro vinha em franco crescimento desde meados do século XVIII. Por volta de 1780, Campos detinha mais da metade dos 323 engenhos fluminenses e 44% da escravaria

3 Todos os dados que se seguem foram retirados de Nunes, "Memórias públicas e econômicas da cidade de São Sebastião do Rio de Janeiro para uso do vice-rei Luiz de Vasconcelos por observação curiosa dos anos de 1779 até o de 1789", *Revista do Instituto Histórico e Geográfico Brasileiro*, tomo XLVII, parte I, p.29, 1884; Instituto Brasileiro de Geografia e Estatística, *Estatísticas históricas do Brasil*, v.3, p.30, 1968; Santos, *Relações comerciais do Rio de Janeiro com Lisboa (1763-1808)*, p.47; Costa, "Notas sobre a posse de escravos nos engenhos e engenhocas fluminenses (1778)", *Revista do Instituto de Estudos Brasileiros*, n.28, p.113, 1988; Lara, *Campos da violência*, p.130-1; Cleveland, *Slavery and Abolition in Campos, Brazil, 1830-1888*, p.21; Fragoso, *Sistemas agrários de Paraíba do Sul, 1850-1920*, *passim*; Stein, *Vassouras*, p.53; e Florentino, *Em costas negras*, Parte II.

da capitania. As propriedades ligadas à agroexportação de açúcar chegaram a quatrocentas em 1810, e a setecentas, em 1828.

Designado pelas fontes coevas como "praça mercantil do Rio de Janeiro", o centro mercantil formado pela capital e por sua periferia imediata representava outro grande polo de demanda por negros. Entre 1760 e 1780, sua população aumentou em 29%, índice ainda maior entre 1799 e 1821, quando o crescimento atingiu 160%. A população da província como um todo passou de 170 mil habitantes, em 1789, para 591 mil, em 1830 – um acréscimo de 250%.

O último polo de demanda por escravos da província, já no século XIX, era representado pela cultura cafeeira em expansão no Vale do Paraíba. Em certas áreas dessa zona, a população passou de 292 habitantes, em 1789, para 15.700, em 1840. Na base dessa explosão, estava o vertiginoso aumento da produção de café fluminense, cujas exportações passaram de 160 arrobas, em 1792, para 320 mil, em 1817; 540 mil, em 1820; 1.300.000, em 1826; 2 milhões, em 1830; e mais de 3 milhões de arrobas, em 1835.

Para estes, mas também para outros núcleos de demanda fora do Rio de Janeiro (em especial a economia de Minas Gerais, seguida por São Paulo e Rio Grande do Sul), se dirigiam os africanos desembarcados no porto carioca entre 1790 e 1830. Mas a demanda brasileira por escravos não se alimentava apenas da expansão econômica. A ela acrescentou-se, durante a segunda metade da década de 1820, o impacto das pressões inglesas pela abolição do tráfico atlântico. Proibido desde 1815 ao norte do Equador, por força de um tratado antitráfico assinado em 1826, o comércio negreiro para o Brasil foi oficialmente abolido em 1830. Na prática, porém, os últimos africanos desembarcariam no decênio de 1850. Os dados disponíveis indicam que, a partir de 1826, a circunstância política do fim anunciado do tráfico passou a constituir-se em fator importante de crescimento da demanda no final do período que aqui interessa (Gráfico 1).

O Gráfico 1 expressa a flutuação anual dos desembarques de africanos no porto do Rio de Janeiro. A chegada de quase 700 mil negros se fez mediante um crescimento anual médio do tráfico de tal ordem que, não fossem os devastadores efeitos da mortalidade, a população de novos africanos duplicaria a cada quinze anos. Considerando-se as médias anuais de desembarque, podemos dividir o período 1790-1830 em três intervalos, surgindo as datas de 1809 e 1826 como momentos de ruptura. No primeiro intervalo (1790-1808), os desembarques chegavam a uma média de 9.224 africanos/ano. O comércio de homens conhecia certa estabilidade, crescendo 0,35% anuais até 1808. A chegada da família real e a concomitante abertura dos portos coloniais ao comércio internacional elevaram o volume desses desembarques. Entre 1809 e 1811, o incremento do tráfico foi enorme, quando passou de 13.171 para 23.230 o número de africanos aqui aportados. De 1812 a 1815, possivelmente por causa da saturação do mercado com a grande quantidade desses exemplares humanos adquiridos a partir de 1809, o movimento de importação de negros apresentou uma acentuada queda, logo seguida pela recuperação que abarcou o período 1816-1818. Durante os anos seguintes, até 1825, a estabilidade foi a tônica, exceto em 1823, em função da crise da Independência. Seja como for, a taxa média anual de entradas para 1809-1825 foi bem maior do que a do período anterior (19.751 africanos), e o crescimento atingiu o nível de 2,4% ao ano. O último subperíodo se iniciou em 1826, quando o volume do tráfico passou a ser determinado sobretudo – mas não exclusivamente – pelo tortuoso processo de reconhecimento da Independência brasileira sob a égide da Grã-Bretanha. Vislumbrando o fim do tráfico, mas, ao mesmo tempo, demonstrando grande capacidade de arregimentação de recursos, as elites escravocratas do Sudeste passaram à compra desenfreada de africanos, antes mesmo da ratificação do tratado de reconhecimento da emancipação (13.3.1827), que estipulava o referido fim para dali a três anos. Na esteira da corrida por braços então desencadeada, o comércio de homens através do porto do Rio cresceu a uma média anual de 3,5% entre 1826 e 1830 (37.200 africanos/ano). Após esse último ano, as entradas de negros foram quase insignificantes, se comparadas aos períodos anteriores, e somente voltaram a subir na segunda metade do decênio de 1830.

Gráfico 1 – Flutuação dos desembarques de escravos provenientes da África no porto do Rio de Janeiro (1790-1830)

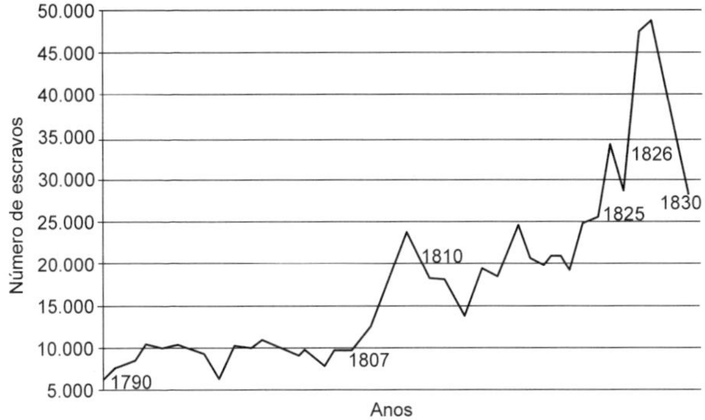

Fonte: Manolo G. Florentino, *Em costas negras*, p.50.

É plausível supor que, em virtude do caráter aberto da população escrava, a reiteração temporal das relações e arranjos familiares, e dos padrões socioculturais a eles relativos, flutuasse ao sabor dos movimentos do tráfico negreiro. As cifras expostas permitiram estabelecer três grandes intervalos para efeito da análise da relação entre tráfico e famílias. Assim, lembrando que os inventários *post-mortem* coligidos referem-se aos anos terminados em zero, um, dois, cinco, seis e sete, a agregação dos dados efetuada permite rastrear essa relação em momentos de estabilidade dos desembarques (1790-1807, que designaremos por fase B do mercado), de aceleração (1810-1825, fase A) e de crise da oferta africana (1826-1830). São intervalos da maior utilidade, pois, através deles, generalizando, será possível pensar como as atitudes dos cativos em relação ao parentesco variaram em diversas conjunturas desde o século XVI.

Tendo-se esclarecido os marcos espaciais e cronológicos, e, além disso, erigido as flutuações do tráfico transatlântico à condição de pano de fundo para o acompanhamento da família escrava, podemos passar ao enfrentamento da seguinte questão: qual o sentido último, sociológico, do tráfico de almas em uma sociedade escravista?

O entrevero envolvendo um cão e dois escravos, a seguir relatado, pode ajudar na busca de uma resposta e, também, particularizar nossa região-objeto relativamente ao que pensamos ser o sentido último do comércio de almas para uma sociedade escravista. Uma leve esperança indica que talvez um dia venhamos a saber mais acerca da vida do capitão Francisco Pereira Leite de Andrade, além do fato de haver sido proprietário de umas terras na freguesia de São Sebastião de Araruama, na primeira metade do século XIX, e de tê-las deixado como herança a um punhado de mulatos e negros. Por enquanto, o que sabemos está contido nos autos de uma querela judicial conservada pelo Arquivo Nacional, que conta não da sua pessoa, mas dos seus herdeiros e dos desentendimentos havidos entre eles.[4] São fragmentos, por vezes francamente confusos e nebulosos, da vida de indivíduos pobres de uma área rural do Rio de Janeiro, mas que podem ser de auxílio na compreensão de certos dados revelados pela pesquisa nos inventários.

O processo foi aberto por iniciativa de um de seus herdeiros, Felícia Rosa, mulher parda, filha de uma negra. Em 1827, ela entrou com uma queixa na Justiça contra Felisberto Pereira Leite, um crioulo forro na avançada idade dos 70 anos, também herdeiro das terras do capitão – e do sobrenome, aliás. Acusou o liberto de haver se aproveitado da ausência de seu marido para invadir a sua casa, na companhia do filho e de dois escravos, com o intuito de espancá-la. Segundo contou Felícia, este era mais um capítulo da violenta peleja entre Felisberto e os demais herdeiros, cujo desfecho imediato foram seus gritos de "Aqui d'el rei" e escoriações generalizadas. Dezesseis testemunhas foram ouvidas, sendo catorze delas pardas, uma negra e uma branca. Oito eram também moradoras na mesma fazenda. Pelo relato que fizeram, é muito provável que o elemento deflagrador do doloroso sucesso tenha sido um entrevero entre um cão de Felisberto e dois escravos do cunhado de Felícia.

Era já noite quando a esposa de Escobar, o cunhado, mandou que dois de seus escravos fossem à fazenda dos Leite (como as terras que haviam sido do capitão são nominadas por várias testemunhas) apanhar

---

4 Arquivo Nacional, "Processo-crime, 1827", caixa 3.679, n.1.

um pouco de café que comprara de alguém nas terras da propriedade. Os dois parceiros, Claudino e Prudente, no entanto, aproveitaram a ocasião para visitar a mãe, Rita, que vivia numa senzala próxima às casas do crioulo Felisberto e da parda Felícia. Pois foi nesse momento que saiu um cão a ladrar, assustando os dois cativos e provocando em um deles o desejo de dar-lhe umas boas bordoadas. A mãe Rita, possivelmente antevendo as consequências desastrosas daquele encontro, ponderou que não batessem no cão, por ser o bicho pertencente a Felisberto. Mas era tarde: o cão ladrava, a mulher implorava e os escravos ameaçavam, quando o dito Felisberto deu por conta da confusão. Claudino e Prudente, a conselho da mãe, correram a esconder-se na casa de Felícia, que se recusou a entregá-los à sanha do liberto. Gritaria e choraria muito, por isso.

Esta é a versão do ocorrido mais recorrente nos autos da querela. É a de Felícia e de suas testemunhas, algumas delas confirmando a acusação da apelante segundo a qual seu desafeto já havia botado abaixo uma casa construída por seu marido, com o intuito de enxotá-la daquelas terras para apossar-se de sua parte na herança, e ameaçava fazer o mesmo com outros herdeiros. Felisberto, naturalmente, desmentiu. Acusou-a, ao marido e a Escobar (o cunhado), de lhe serem inimigos mortais. Sobre o caso que deu início à contenda judicial, disse que apenas castigara os escravos por haverem-no insultado à porta da sua casa. E chamou a atenção para o mau gênio da sua inimiga. Contou que certo dia ela mandara o marido aplicar uma surra na comadre dele por esta a haver repreendido pelas perseguições e vexames aos quais o submetia. A comadre de Felisberto era ninguém menos que a mãe de Felícia. Uma das testemunhas do apelado, o preto forro Francisco do Rosário (outro morador da fazenda), sustentou a versão. Asseverou que uma tarde, ao retornar da roça, escutou Felícia ordenar ao marido "amarra esta negra", antes de mandar chicoteá-la.

Há, nesse processo, múltiplos elementos a chamar a atenção. Um dos principais litigantes é um ex-escravo, nascido no Brasil, que assumira o sobrenome do seu antigo senhor. E este não era o único caso. Dois outros moradores da fazenda, de quem se desconhece o estatuto jurídico, mas ambos pardos, também possuíam sobrenomes do capitão:

Simão Cordeiro Leite e Euzébio Manuel Pereira. Claudino e Prudente, os escravos de Escobar, não viviam na propriedade da mãe, Rita, mas sabiam onde esta residia e a visitavam. Nem o inventário *post-mortem* de Escobar nem o do senhor de Rita (no caso de ela haver continuado cativa) registrariam os laços parentais que os atavam, embora tenham existido e sido vividos desse modo. O significado disto é evidente: qualquer investigação das relações familiares escravas nesse tipo de fonte indicará um patamar *mínimo* de sua incidência, e não a expressão exata da realidade passada. Felícia foi acusada de maltratar a própria mãe. A filha, *parda*, teria determinado ao marido *amarrar a negra*, sua mãe. Se era invenção do preto Rosário não importa; seria uma mentira plausível e por isso foi contada, o que nos remete às relações conflituosas entre pretos e pardos, desdobramento sinuoso de outros embates reunindo crioulos e africanos.

Os escravos e ex-escravos que se entroncavam na família de seus senhores por intermédio dos sobrenomes, as limitações inevitáveis dos inventários *post-mortem* no estudo do parentesco cativo e os conflitos no interior da comunidade escrava, marcados pela cor e/ou pelo distanciamento geracional e cultural da África, estes são assuntos aos quais se retornará adiante, problemas importantes que são nas reflexões sobre a escravidão. O que interessa no momento é alertar para o fato de que esses autos judiciais revelam flagrantes da população pobre do meio rural da província fluminense. Pardos quase todos eles, ex-escravos alguns, eram pessoas que haviam obtido acesso à terra e possuíam cativos para trabalhá-la. É este o aspecto do processo para o qual chamamos a atenção e que nos permite uma aproximação maior à realidade, porque encarnada em indivíduos que viveram o cativeiro. A Felisberto, Felícia, Claudino, Prudente e aos demais – também a pessoas como estas referem-se os gráficos e tabelas apresentados ao longo da obra, que demonstram a natureza peculiar da sociedade escravista, aqui focalizada especificamente no agro fluminense. Portanto, é a essa região que se referem os títulos de tais gráficos e tabelas, com as raras exceções sendo especificadas, sempre que necessário.

Os dados levantados nos inventários revelam a distribuição da escravaria por diversas frações sociais agrárias, indicando um alto nível de disseminação da propriedade cativa. Entre 1790 e 1830, nunca menos de 88% de todos os inventariados eram donos de escravos. Trata-se de um dado importante, mesmo levando em consideração os problemas metodológicos suscitados pelo estudo das fortunas escravistas em inventários *post-mortem*, os quais, a rigor, não contemplam a totalidade dos agentes socioeconômicos, pois nem todos os falecidos tinham bens a inventariar. Essa dilatada disseminação, no entanto, não encobria a enorme concentração da escravaria.

A Tabela 1 demonstra que durante os vinte anos anteriores à chegada da Corte lisboeta, metade dos proprietários de escravos do agro fluminense eram pequenos produtores, possuindo de um a nove escravos, muitos provavelmente como o liberto Felisberto. No entanto, quase um terço deles era, na verdade, constituído de camponeses escravistas, porém abastados, donos de cinco a nove cativos. Tratava-se de um conjunto de proprietários vinculados sobretudo à produção para o abastecimento, tanto das grandes propriedades quanto dos núcleos urbanos, em especial da cada vez maior cidade do Rio de Janeiro.

A *plantation* e as unidades a ela ligadas como fornecedoras (*grosso modo*, todas as propriedades que apresentavam plantel superior a vinte cativos) correspondiam a cerca de dois entre cada dez estabelecimentos. Contudo, era alto o nível de concentração, já que detinham pouco mais da metade dos escravos, ao passo que 52% das unidades produtivas possuíam apenas dois entre cada dez deles.

Esse perfil se exacerbou por meio da aceleração do tráfico, subsequente à abertura dos portos em 1808. Foi então que a *plantation* e suas fornecedoras cresceram fisicamente, isto é, multiplicaram seu espaço (passaram para pouco além de três entre cada dez propriedades), e o número de cativos concentrados elevou-se a três quartos da escravaria. Tal perfil permaneceria vigente à época de crise da oferta africana (1826-1830).

O conjunto desses dados sugere algumas conclusões. Em primeiro lugar, a propriedade escrava era altamente disseminada pelo tecido social, o que significa que camadas variadas da população se encontravam *comprometidas* com a escravidão, não importando a extensão de suas posses. E isto não apenas porque até os pequenos produtores possuíam

Tabela 1 – Variação da estrutura de posse de escravos (1790-1830)

FTP	*1790-1807*						*1810-1825*						*1826-1830*					
	A	*B*	*C*	*D*	*E*	*F*	*A*	*B*	*C*	*D*	*E*	*F*	*A*	*B*	*C*	*D*	*E*	*F*
1-4	20,9	4,3	31	87	64,4	87	16,0	2,0	24	68	55,9	68	15,4	1,8	8	20	70,0	20
5-9	31,1	15,5	46	314	60,8	314	25,3	7,5	38	260	55,0	260	32,7	9,8	17	111	61,3	111
10-19	28,4	29,5	42	595	60,2	595	26,0	15,1	39	524	64,1	524	19,2	14,2	10	160	58,1	160
20-49	16,2	32,2	24	651	55,3	651	19,3	24,5	29	850	66,8	850	21,2	25,6	11	289	66,1	289
50 ou mais	3,4	18,5	5	373	59,0	373	13,4	50,9	20	1.768	65,3	1.768	11,5	48,7	6	550	56,2	550

FTP: Faixa de tamanho de plantel de escravos
A: Proprietários (%)
B: Escravos (%)
C: Número de proprietários
D: Número de escravos
E: Taxa de masculinidade (%)
F: Número de escravos com registro de sexo
Fonte: Arquivo Nacional, "Inventários *post-mortem* (1790-1830)".

cativos (na verdade, aqueles eram a maioria dos donos destes), mas também porque, ao longo dos intervalos em questão, poucos eram os inventariados que não tinham escravos: 4,1% do total de inventariados para 1790-1807; 7,3% para 1810-1825; e 13,5% para 1826-1830. No entanto, e mais importante ainda, o alto grau de concentração da propriedade escrava revelado coloca-nos não só diante de uma *sociedade possuidora de escravos,* mas sobretudo diante de uma *sociedade escravista,* definida como aquela na qual o principal objetivo da renda extraída ao trabalhador cativo é a reiteração da diferença socioeconômica entre a elite escravocrata e todos os outros homens livres.[5]

Gráfico 2 – Flutuação da posse de escravos de proprietários de mais e de menos de vinte cativos, da frequência dos não possuidores de escravos e do comércio negreiro (1790-1830)

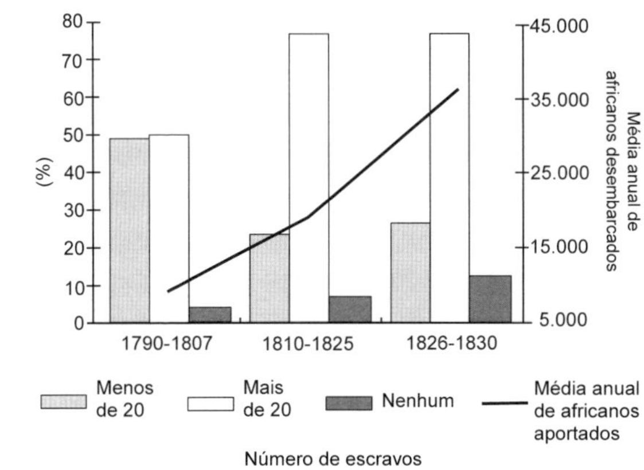

Fontes: Tabela 1 e o texto.

O Gráfico 2 mostra com clareza que, no Brasil, o incremento do tráfico corresponde ao aumento da porcentagem de escravos detida pela elite proprietária de mais de vinte cativos (de 50% para cerca de

5 Cf. Finley, *Escravidão antiga e ideologia moderna,* p.84-5. No Rio de Janeiro da primeira metade do século XIX, os 10% mais abastados detinham cerca de dois terços da riqueza produzida. Cf. Fragoso; Florentino, *O arcaísmo como projeto,* p.73.

75%), ao mesmo tempo que decai de 50% para 25% o índice daqueles pertencentes aos possuidores de menos de vinte cativos. Ora, se o acréscimo ou a diminuição do número de escravos detidos por determinada fração social corresponde ao aumento ou redução da sua capacidade de geração de renda, então a conclusão é simples, embora rica em significados: *em última instância, o tráfico destinava-se a abastecer de escravos não a sociedade como um todo, mas sim a uma elite que, por meio dele, reproduzia seu lugar social e, desse modo, reiterava a sua distância em relação a todos os outros homens livres.* Dessa forma, para além da reposição demográfica, o tráfico transatlântico de escravos tinha uma função sociológica específica.

Por certo, nem todas as sociedades escravistas americanas foram estruturalmente caudatárias do tráfico de almas através do Atlântico.[6] No entanto, onde ocorria, como no caso do Brasil, tal dependência indicava a subordinação da sociedade à função sociológica primária do tráfico de perpetuar a diferenciação entre os pares livres. Para a sua consecução é que o comércio negreiro tornou-se imprescindível à reprodução física dos escravos, influenciando, por consequência, de forma decisiva os padrões de socialização familiar próprios dos cativos.

6 A escravidão do velho Sul dos Estados Unidos não dependeu tanto do tráfico atlântico, abolido em 1807, para a sua reprodução. Prova disso é o fato de que, por volta de 1860, os Estados Unidos eram possuidores de mais de 4 milhões de cativos, em que pese haverem importado apenas um décimo dessa cifra em africanos. Enquanto isso, embora tenha importado quase 4 milhões de africanos até 1850, dezesseis anos antes da abolição da escravidão, o Brasil tinha apenas 1 milhão e 500 mil escravos (cf. Curtin, *The Atlantic Slave Trade*, p.268; e Merrick; Graham, *População e desenvolvimento econômico no Brasil*, p.81).

PARTE 2

3

Da quantidade de homens e de africanos

É fundamental a análise da variação do indicador que, em se tratando de uma sociedade alimentada pelo tráfico, influenciava de maneira mais contundente a socialização através da família: a taxa de masculinidade. Afinal, o excesso de homens introduzidos pelo comércio negreiro correspondia ao *quantum* mínimo de indivíduos escravizados que, em tese, permaneceriam para sempre solitários.

A flutuação da masculinidade pelos três períodos estudados levanta o primeiro indício de que o quadro demográfico que se irá descortinar escondia uma dinâmica de complexidade insuspeitada. À primeira vista, nenhuma surpresa: de 1790 a 1830, era uma constante o desequilíbrio entre homens e mulheres cativos no interior das propriedades de todos os tamanhos – os homens representavam entre 55% e dois terços de toda a escravaria em todos os intervalos de tempo. Além disso, ocorria uma previsível variação diretamente proporcional entre o incremento do tráfico e a taxa geral de masculinidade nos dois primeiros intervalos (1790-1807 e 1810-1825): de 59% para 65%. Dada a estrutura de posse concentrada, tais resultados são caudatários fundamentalmente dos índices de masculinidade verificados nos grandes plantéis.

No que concerne aos pequenos estabelecimentos, de menos de nove escravos, contudo, sucedia exatamente o inverso. Isto é, conforme se incrementava o tráfico de africanos ao Brasil, a taxa de masculinidade de seus plantéis tendia a diminuir em direção a um maior equilíbrio entre homens e mulheres, movimento que pode expressar o relativo afastamento dos proprietários menos aquinhoados do mercado de homens em função do aumento geral dos preços dos escravos. Durante a crise da oferta, o momento de maior pico do tráfico, esse quadro se inverteu por completo: a taxa global de masculinidade retornou quase aos mesmos níveis da época de estabilidade (isto é, ao redor de 60%), pois o desequilíbrio entre os sexos atenuou-se nas grandes propriedades e elevou-se nas menores. O Gráfico 3 define o desenho desta variação.

Gráfico 3 – Flutuação da taxa de masculinidade entre as grandes faixas de plantel e do comércio negreiro (1790-1830)

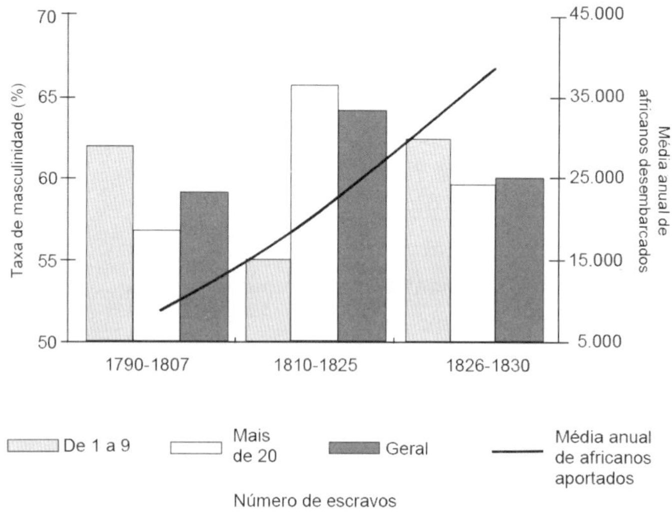

Fonte: Tabela 1.

Faz-se necessário, agora, incorporar a essa abordagem os índices de africanidade, para o que serão consideradas apenas as cifras pertinentes às principais faixas de tamanho de plantéis nos intervalos em questão, excluindo-se, por não se tê-la como determinante, a flutuante camada média de proprietários de dez a dezenove escravos. Tal procedimento tornará mais claro o movimento geral assinalado pelos índices observados.

A Tabela 2 reafirma o movimento geral constatado no Gráfico 3, mostrando terem sido os africanos a fonte maior do desequilíbrio entre homens e mulheres: afinal, em termos gerais, eles eram sempre maioria entre os escravos e todas as suas taxas de masculinidade eram superiores às dos crioulos, em qualquer faixa de plantel ou intervalo de tempo. Isto é bastante lógico, aliás, visto que, na primeira metade do Oitocentos carioca, de cada quatro africanos comercializados no mercado do Valongo – em sua maioria recém-desembarcados da África –, nada menos do que três eram homens.[1]

Verifica-se, ainda, terem sido os africanos a origem da inversão das taxas de masculinidade entre menores e maiores plantéis de 1810-1825 para 1826-1830. Fixando apenas as taxas globais, nota-se que, tal como no caso dos índices gerais de masculinidade, a taxa de africanidade de 1826-1830 (51,1%) praticamente retornou à do período de estabilidade 1790-1807 (51,3%).

Este é um movimento aparentemente paradoxal e o quadro até agora esboçado a partir da análise dos inventários configura-se como um problema a ser solucionado. Viu-se que, acompanhando a aceleração do desembarque de cativos africanos, a elite proprietária rural cresceu e estabilizou no pico do tráfico (1826-1830) a sua capacidade de acumulação e de reiteração da diferença – medida pelos escravos detidos. Os índices de masculinidade e africanidade de sua escravaria, por sua vez, após atingirem o auge em 1810-1825 (ocasião em que, mesmo entre os seus crioulos, o desequilíbrio sexual foi mais forte, denotando pressão da elite sobre o mercado interno de homens), caíram radicalmente em 1826-1830, retornando aos padrões de uma época (1790-1807) em que a capacidade de acumulação e de exacerbação da diferença socioeconômica dessa elite era menor.

---

1 Cf. Apêndice 2.

Tabela 2 – Variação das taxas de africanidade e de masculinidade, por naturalidade (1790-1830)

FTP	*1790-1807*					*1810-1825*					*1826-1830*				
	A	*B*	*C*	*D*	*E*	*A*	*B*	*C*	*D*	*E*	*A*	*B*	*C*	*D*	*E*
1-9	59,0	64,2	232	59,0	161	59,9	56,8	185	54,4	124	61,7	65,8	79	57,1	49
mais de 20	48,1	63,1	469	50,5	507	61,7	73,8	1.390	54,8	864	48,1	67,2	347	51,9	374
Total	51,3	64,5	1.003	52,5	950	61,1	72,3	1.874	53,8	1.192	51,1	65,7	510	46,5	488

FTP: Faixa de tamanho de plantel de escravos.

A: Taxa de africanidade (%)

B: Taxa de masculinidade entre os africanos (%)

C: Número de africanos

D: Taxa de masculinidade entre os crioulos (%)

E: Número de crioulos

Fonte: Arquivo Nacional, "Inventários *post-mortem* (1790-1830)".

Teriam os pequenos produtores, ao se defrontar com o fim iminente do fluxo exterior de braços, incrementado as suas compras antes que quaisquer outros, explicando-se, desse modo, que dois entre cada três de seus escravos fossem africanos? A falta de sustentação dessa hipótese é flagrante. A participação dos pequenos produtores na estrutura de posse de escravos no período 1826-1830 permaneceu invariável (isto é, baixa, com cerca de 10%) em relação ao intervalo anterior, e bastante distante da que esses proprietários chegaram a deter entre 1790 e 1807 (20%). Por outro lado, a explosão dos preços dos escravos nessa última etapa do tráfico legal por certo afastou muito os mais pobres produtores do acesso ao mercado, em especial ao mercado de africanos. Por último – ainda que, num erro de interpretação, se aceitasse o incremento da compra de africanos pelos pequenos proprietários –, caberia indagar: por que razão a elite escravocrata rural, tão ou mais consciente do fim iminente do tráfico do que aqueles e com muito maior capacidade de compra, teria trilhado um caminho oposto, que redundou em que a participação dos africanos fosse minoritária (48%) quanto ao total de seus escravos? Estariam os grandes proprietários renunciando ao seu *ethos* de elite escravista, isto é, o de reproduzir a escravidão como um meio de reproduzir a diferença para com os seus pares?

Outro raciocínio é possível e a Tabela 3 contém elementos que podem ajudar. Mas, para tanto, é necessário estabelecer dois pressupostos básicos:

a) Não dependendo de se estar em uma fase B (1790-1807) ou A (1810-1825) do mercado de escravos, *todas as empresas escravistas se pautavam pela compra majoritária de homens.*

b) Entretanto, *os nascimentos de escravos tendiam a ser maiores entre os grandes plantéis do que em qualquer outra faixa, como se verá adiante.*

Assim, embora a busca por homens cativos continuasse a ser a tônica dos momentos de menos desembarques, o resultado final era sempre um panorama menos desequilibrado no interior das grandes propriedades do que nas pequenas, porque naquelas se incrementava a frequência de crioulos através dos nascimentos, os quais tendiam a ter como padrão sexual 1/1. Por isso, para o intervalo 1790-1807, as taxas de africanidade (48,1%) e de masculinidade (56,6%) dos grandes plantéis foram sempre menores do que nos pequenos – respectivamente, 59% e 61,6%.

Tabela 3 – Variação das taxas de crescimento médio anual do tráfico, da africanidade, da masculinidade, da participação dos grandes grupos etários e da posse de cativos por faixa de tamanho de plantel de escravos (1790-1830) (em %)

Faixa de tamanho de plantel	*1790-1807*		*1810-1825*		*1826-1830*	
	1-9	*+20*	*1-9*	*+20*	*1-9*	*+20*
Escravos detidos	19,8	50,7	9,5	75,4	11,6	74,3
Taxa geral de africanidade	59,0	48,1	59,9	61,7	61,7	48,1
Taxa de masculinidade						
entre os africanos	64,2	63,1	56,8	73,8	65,8	67,2
entre os crioulos	59,0	50,5	54,4	54,8	57,1	51,9
Taxa geral de masculinidade	61,6	56,6	55,2	65,7	62,6	59,8
Infantes (0-14 anos)	27,1	30,8	25,2	22,0	26,1	30,2
Adultos (15-40 anos)	51,1	51,8	50,8	57,7	60,4	55,5
Idosos (+ de 41 anos)	21,8	17,4	24,0	20,3	13,5	14,3
Taxa de dependência	0,96	0,93	0,97	0,73	0,66	0,80
Crescimento do tráfico	0,35		2,40		4,50	

Fontes: Tabelas 1 e 2; e Arquivo Nacional, "Inventários *post-mortem* (1790-1830)".

Como a passagem da fase B para a A (1810-1825) significou um crescimento geral dos preços dos cativos, a entrada na etapa ascendente implicou que, superando as pequenas empresas, as grandes comprassem mais homens estrangeiros, com o que se exacerbaram seus índices de masculinidade. Explica-se assim por que as taxas de africanidade (61,7%) e de masculinidade (65,7%) dos grandes plantéis eram então sempre maiores do que nos pequenos – respectivamente, 59,9% e 55,2%.

Nos momentos de crise da oferta de braços, esses padrões continuaram vigentes: a alta dos preços dos escravos, a preferência por homens e a tendência à maior ocorrência de nascimentos no interior dos grandes plantéis. Contudo, em particular diante de uma crise que se mostrava definitiva como a que desencadeou o fim oficial do tráfico atlântico em 1830, a esses padrões se agregou a preocupação senhorial de propiciar a seus cativos melhores condições para que eles pudessem aumentar seus índices de reprodução natural,[2] o que, no caso brasileiro, poderia ter se refletido no incremento do mercado de mulheres, em especial do mercado interno de cativas. Dada a natureza inelástica do mercado interno em geral, a maior procura por escravas se traduziria em um tráfico interclasses de mulheres.

Assim, se os índices de masculinidade eram mais altos para os pequenos plantéis entre 1826 e 1830 (62,5% contra 59,8% dos grandes plantéis), isto se devia não a uma maior compra de africanos homens, mas sim à perda de mulheres (africanas e crioulas) para as grandes unidades produtoras, que buscaram viabilizar a maximização dos potenciais internos de autorreprodução de sua escravaria. Isto poderia esclarecer inclusive a queda relativa do número de homens no interior das grandes propriedades. Confirmando-se estas últimas hipóteses, veríamos serem bastante elásticas as opções demográficas da *plantation* escravista.

A argumentação até aqui desenvolvida possui agora dois eixos: o de que os nascimentos de escravos tendiam a ser mais frequentes no interior dos grandes plantéis e o de que em épocas de crise da oferta se incrementava um tráfico interclasses, pautado em essência na compra de mulheres cativas. Por certo, provar esse conjunto de circunstâncias exigiria cruzar os inventários *post-mortem* com tipos outros de fontes, tais como registros de batismos e de compra e venda de escravos.

2 A preocupação senhorial com o incremento das taxas de reprodução natural em momentos de crise da oferta foi também detectada para os proprietários do Sul dos Estados Unidos: "O paternalismo encorajado pela proximidade física de senhores e escravos foi enormemente reforçado pelo fechamento do tráfico de escravos africanos, o que obrigou os senhores a dedicar mais atenção à reprodução de sua força de trabalho". Cf. Genovese, *A terra prometida*, p.23.

Contudo, os próprios inventários podem oferecer importantes indicações que ajudam a sustentar essa argumentação e que se referem à possibilidade de trabalhar com as taxas de dependência das faixas de plantéis.

A Tabela 3 também demonstra que a escravidão, ao poder se reproduzir fisicamente através do mercado de braços, tendia a produzir baixas taxas de dependência.[3] Entretanto, mesmo baixas, essas taxas variavam no interior dos plantéis de acordo com os seus respectivos tamanhos e as fases dos desembarques.

Para a fase B, embora as taxas de dependência fossem mais ou menos equivalentes para pequenos e grandes plantéis (0,96 e 0,93), elas se alimentavam de faixas etárias distintas: de idosos (21,8%) nos pequenos, e de infantes (30,8%) nos grandes, com a participação dos adultos permanecendo praticamente no mesmo patamar em ambos (ao redor de 51%). É possível, pois, afirmar serem os nascimentos nos grandes plantéis os fatores que impediam uma brusca queda da taxa de dependência, inclusive em fases B do tráfico. Além disso, eram esses nascimentos os responsáveis pelo fato de os africanos serem minoria (48,1%) entre os escravos dos grandes estabelecimentos.

Com o advento da fase A, a extraordinária compra de homens estrangeiros adultos seria decisiva para a baixa da taxa de dependência nas grandes propriedades, do que derivou a queda relativa da participação dos infantes nesses plantéis (para 22,0%). Observe-se que, impossibilitados pelos altos preços de irem em massa ao mercado, os pequenos estabelecimentos viram a sua escravaria envelhecer, com todos os outros índices tendendo a manter-se mais ou menos nos níveis da fase B.

Entrada a etapa de crise da oferta, já o vimos, embora comprassem a maior parte dos escravos desembarcados, os grandes plantéis conheceram taxas de masculinidade e de africanidade menores do que a dos plantéis menos extensos. É que elas se nutriam de dois movimentos retroalimentadores: os nascimentos normalmente mais frequentes nos

---

3 Taxa dada pela fórmula (número de infantes + número de idosos)/número de adultos.

grandes estabelecimentos e a política deliberada de seus proprietários no sentido de adquirir mulheres crioulas às pequenas propriedades. Por isso, a participação dos infantes saltou para 30,2% e a taxa de masculinidade entre os crioulos baixou para 51,9%. Esse incremento de reprodução natural redundou em que a taxa de dependência tendesse a crescer nesses grandes estabelecimentos em relação à etapa anterior, de ampla expansão do mercado de braços.

Outra prova dessa argumentação pode ser obtida através do trabalho com as variações da taxa de masculinidade entre os escravos adultos *nascidos no Brasil.* O Gráfico 4 revela com clareza que, da fase B para a A, a taxa de masculinidade dos adultos crioulos dos pequenos plantéis tendeu a crescer pouco, ao contrário da acentuada alta observada nos grandes: diferença que remete à intensidade da participação destes últimos no mercado.

Gráfico 4 – Variação da taxa de masculinidade entre os escravos crioulos adultos, por grandes faixas de plantel (1790-1830)

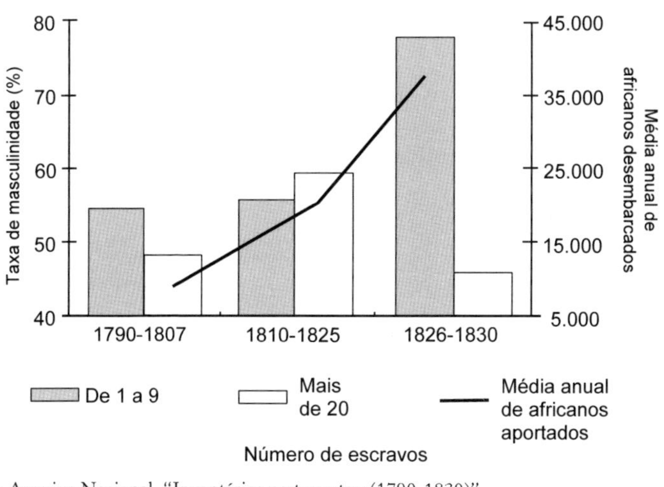

Fonte: Arquivo Nacional, "Inventários *post-mortem* (1790-1830)".

Contudo, na crise da oferta africana, as taxas obedeceram a movimentos inversamente proporcionais nas diferentes faixas de plantel: o que demonstra ser a maior presença relativa de mulheres nos grandes estabelecimentos resultado de compras realizadas aos pequenos proprietários – um tráfico interclasses, enfim.

Naturalmente, o mercado deverá revelar essa maior valorização das mulheres em geral e das crioulas em particular. Assim, os inventários *post-mortem* mostram que, em libras esterlinas, entre 1810-1825 e 1826-1830, o preço médio das crioulas de 15 a 40 anos de idade passou de £28,93 para £31,89 (+10,2%), ao passo que para os crioulos da mesma faixa etária o movimento foi de £34,14 para £37,03 (+8,5%). No que se refere às africanas adultas, evoluiu de £28,14 para £31,49 (+11,9%), sendo a variação para os similares masculinos adultos de £33,36 para £35,01 (+5,0%). Em termos globais, a valorização das mulheres adultas chegou a 10,9% e a dos homens a 6,1%. Em suma, para além da capacidade produtiva, o período 1826-1830 conheceu uma contundente valorização das capacidades reprodutivas da mulher cativa fértil.

4

Do sentir-se parte de uma família escrava

A análise das ligações entre tráfico e família escrava requer a solução de um problema prévio: até onde se estendia o sentimento de ser membro de uma família entre os escravos? Que tipos de relação parental eram por eles reconhecidos como sendo relações familiares?

Um fato ocorrido em uma madrugada qualquer de abril de 1847 nos pode oferecer algumas pistas. Era de manhã quando José da Silva Ramos, inspetor de quarteirão do distrito de Guarulhos, em Campos dos Goitacazes, tomou conhecimento de duas mortes não naturais, de um senhor moço e uma cativa, consumadas na casa de Antônio José Ferreira.[1] Esbaforido, dirigiu-se àquela morada onde, na sala, jazia o corpo de Vicente José Ferreira, irmão de Antônio José: no peito esquerdo, uma enorme facada; no meio da testa, um tiro.

Dois escravos pertencentes a Antônio José – Domingos Benguela e Manuel Pachola, ambos pelos 30 anos de idade – eram os assassinos, explicou Custódia Maria de Jesus, irmã do morto. Vicente fora esfaqueado pela madrugada, ainda na casa menor onde costumava dormir, e, ao ouvir-lhe os gritos – "minha mana me acuda que os escravos de meu mano me mataram" –, Custódia e uma preta cativa de nome

1 Arquivo Nacional, "Processo-crime, 1847", caixa 3.709, n.754 (todas as citações que se seguem foram extraídas desse processo).

Joana correram em socorro do ferido, levando-o para a casa-grande. Os dois assassinos foram atrás e logo fizeram um rombo na parede. Dali, acertaram a testa de Vicente.

O corpo de Joana desaparecera e, após ouvir Custódia, o inspetor resolveu vasculhar os arredores. Foi quando, à beira de um riacho próximo à casa, entre assustado e nauseado, topou com o cadáver da escrava. Onze facadas haviam-lhe dilacerado o peito e o pescoço; a cabeça, esfacelada, fora devorada por cães e porcos. Ao piedoso inspetor José da Silva Ramos nada restou além de enterrar os dois corpos atrás da capela de Nossa Senhora da Penha da Pedra Lisa, em sepulturas separadas de sete palmos de profundidade, "com toda a devida humanidade...".

No dia seguinte, porém, pôs-se no encalço dos matadores. Juntou dezoito pessoas e com elas por toda a noite montou escolta na cancela de Pedro Correia, "que é estrada de saída para o Quilombinho", porém em vão. Ramos e sua gente apenas lograram capturar um preto de nome Joaquim Cassange, de 40 anos, escravo do estrangeiro Nelis, de quem estava fugido havia dois meses, período durante o qual trabalhara para Antônio José. Joaquim assistira à matança e, para prová-lo, acrescentou detalhes ao relato de Custódia.

Depois de esfaquear Vicente, Manuel Pachola se atracara com a negra Joana, dando-lhe porretadas enquanto ela tentava fugir. Aproveitando-se da confusão, Custódia arrastou seu irmão moribundo para a casa-grande, onde com ele se fechou. Logo depois, o outro escravo, Domingos, aos gritos passou a exigir que Custódia pusesse para fora a preta Rita, crioula de 14 anos, prima de Joana, ameaçando incendiar a casa-grande.

Tudo ocorrera porque tanto Domingos como Manuel Pachola andavam amigados, aquele com Rita, este com Joana, pelo que, por ciúmes – supunha Joaquim –, os dois mataram Vicente, "que também andava metido com as mesmas negras". Joaquim conseguira esconder Rita, salvando-a da sanha de Domingos. Outra testemunha, o lavrador Manuel Paes de Azevedo, branco, casado, morador na Pedra Lisa, também afirmou ter ouvido dizer que por ciúmes Manuel e Domingos assassinaram Vicente. Manuel Paes de Azevedo, seu filho de 31 anos, disse o mesmo que o pai.

Domingos foi preso em julho de 1847, mas acusou Manuel de, sozinho, haver matado a mulata Joana e Vicente Ferreira. Sobre as razões do crime, disse que

> fora porque o dito seu parceiro, andando metido com a dita mulata, não obstante não ser casado, achou o seu senhor moço junto com a mesma mulata em cuja ocasião por causa de ciúmes deste ajuntamento fora que fizera as mortes.

Pouco depois depusera Rita, reafirmando o que as outras testemunhas disseram e que Domingos a quisera matar. Ele, presente, negou.

Um mês mais tarde, em agosto de 1847, em ofício ao delegado de polícia da freguesia de Santo Antônio de Guarulhos, o juiz de paz, Vicente de Souza Tavares, escrevia:

> Tive uma notícia ou denúncia [de] que nas roças da fazenda de S. Bento achava-se um preto enforcado, [e] fui logo prosseguir a Corpo de Delito, e depois do Corpo de Delito feito entrei em desconfiança pelos sinais que me havia dado o senhor do dito escravo; mandei chamar Apolinário Paes d'Azevedo e um escravo de Manuel Paes de Azevedo de nome Vicente, todos moradores da Pedra Lisa, que por eles foi reconhecido ser o enforcado o dito criminoso Manuel Pachola.

Quanto a Domingos, foi condenado à morte em sentença de 22 de maio de 1848, que deveria ser cumprida no primeiro dia de fevereiro de 1849.

Alguns anos antes, em 15 de maio de 1843,[2] um acontecimento sucedido na zona rural da Corte pode ser também bastante esclarecedor. Era noite quando, na chácara de João Antônio de Souza Rodrigues, um seu escravo de 20 anos de idade, Joaquim Angola, matou a

2 Arquivo Nacional, "Apelação-crime, 1843", n.662, maço 30 (todas as citações que se seguem foram extraídas desse processo).

preta Tereza, também pertencente ao senhor dele. Uma certeira facada no coração fizera todo o estrago.

Preso e inquirido, Joaquim de imediato confessou o crime. Dissera que corria atrás do escravo André com uma faca, quando entre eles se postou Tereza. Desconhecendo-a, julgou ser ela André e cravou-lhe

> a faca com tenção de o matar, e gritando os meus parceiros dizendo que eu tinha matado a Tereza corri com a faca na mão, e sendo agarrado por um de meus parceiros caí no chão [...] que tendo amizade à rapariga Joana sua parceira, esta o deixou, para tomar amizade ao referido meu parceiro André [...]

Nenhuma das testemunhas livres soube dizer das motivações do crime. Os outros cativos de João Antônio, contudo, muito mais próximos do dia a dia de seus companheiros, foram unânimes em relatar uma história que deixava clara a não intencionalidade do gesto de Joaquim Angola. Maria Joana, por exemplo, de nação mogumbe, doméstica, solteira, com pouco mais de 20 anos, depôs nos seguintes termos:

> [Estava] indo eu junto com minha parceira Tereza [...] lavar as mãos no poço da casa e chácara de meu senhor e vindo de volta encontramos com meu parceiro Joaquim Angola em seguimento de meu parceiro André, e levava na mão a faca do serviço da cozinha [...] e gritando eu pelo André, lhe disse que fugisse e que se livrasse que o Joaquim levava a faca na mão, foi quando o André correu para o fundo da chácara, e correndo o Joaquim atrás de mim julgando talvez que fosse o André escondi-me dentro do quarto, e indo ele a pôr-me a mão gritei-lhe dizendo que era eu, e não o André, foi quando me largou e saiu do quarto, e estando atrás da porta a minha parceira Tereza esta o agarrou na hora em que ele saía, foi quando ele [...] voltou-se para ela e lhe meteu a faca [...]

Ao que, por fim, acrescentou: "ignoro o motivo por que ele queria matar ao meu parceiro André, mas ouço dizer aos outros meus parceiros que é por causa da minha parceira Joana".

Manuel, crioulo da Bahia, solteiro, alfaiate, 20 anos, ajuntou alguns outros detalhes, mas ao final concluiu:

> o motivo por que o meu parceiro Joaquim queria matar o meu parceiro André era porque tinha desconfianças que falava com minha parceira Joana a qual tinha amizade com o mesmo meu parceiro Joaquim [...]

Fernando Congo disse o mesmo, tal como Ricardo Cabinda. O pivô da tragédia, André, crioulo, solteiro, cozinheiro, também de 20 anos, de igual modo confirmou algumas das circunstâncias apontadas pelos depoimentos anteriores. Negou, porém, qualquer relação amorosa com Joana:

> [atribuo] a causa da inimizade que havia entre mim e meu parceiro Joaquim [às] desconfianças que ele tinha, de que eu tinha algum negócio ou falava com a minha parceira Joana a qual era sua amásia, e estas desconfianças são falsas e há muito tempo que ele as tem, andando eu e ele quase todos os dias a brigarmos [...]

Joaquim Angola foi condenado às galés perpétuas no dia 26 de agosto de 1843, sentença confirmada em 8 de janeiro do ano seguinte.

Ainda em 1843, mas em 14 de fevereiro,[3] outro episódio exemplar acontecera, em pleno centro histórico da Corte, na freguesia de Santa Rita. Caía a tarde quando, no quintal de uma casa de sobrado, era assassinada a preta Rosa Benguela, escrava de dona Luiza Amália. O autor do crime fora José Congo, cativo de outro senhor, detido um dia depois, ainda com as roupas ensanguentadas. Ele não negou o crime e inicia sua confissão afirmando desconhecer

> o nome de seu pai, [que] sua mãe chama-se Lamba, idade não sabe (representa ter 30 anos), [é] solteiro, oficial de tamanqueiro, africano, nascido no reino do Congo, não sabe ler nem escrever [...]

3 Arquivo Nacional, "Apelação-crime, 1843", caixa 3.668, maço 1 (todas as citações que se seguem foram extraídas desse processo).

Sobre as razões de seu ato, disse conhecer Rosa havia cinco anos, que era seu amante e, ainda,

> que como ela lhe fazia velhacadas e o enganava querendo que ele lhe desse tudo, e ao mesmo tempo metida com outros; tendo-a nesse dia encontrado com um [...] oficial de sapateiro que trabalha na loja de José Nunes na rua Nova do Livramento e que a conduziu para um corredor da mesma rua em que trabalha um outro oficial de sapateiro, para onde entraram ambos, estando ele interrogado de fora a observar, e isto por já ter dela desconfiança, e lhe terem dito que o referido oficial de sapateiro lhe tinha dado um par de chinelas, e que se fossem procurar na caixa da preta lá as haviam de achar, e que por motivos dessas falsidades ele interrogado não teve mais paciência, e assim com a sua raiva se quis vingar da dita preta para não o andar enganando mais; e que vendo-a [*sic*] entrar na casa em que aconteceu o fato, que é de frente da em que ele trabalha [*sic*], foi atrás dela com a faca, e no quintal da mesma casa, meteu a faca no peito da referida preta, mas não sabe se a deixou logo morta [...]

Em 26 de abril de 1843, o júri condenou José Congo a galés perpétuas, sentença confirmada quatro meses depois.

Muito se poderia extrair desses dramas. Capturemos, contudo, apenas a conclusão de que, no primeiro caso, Manuel e Joana mantinham uma relação consensual que na certa extrapolava o mero e eventual encontro entre amantes. Provavelmente, o mesmo tipo de laço não sancionado unia Domingos e Rita Crioula. Fora, portanto, em duas relações fortes e regradas, embora não legitimadas pela Igreja, que o incauto Vicente Ferreira se imiscuíra. Menos ávido, mas igualmente imprudente, talvez o crioulo André também tivesse se intrometido em uma relação consensual que, tudo indica, unia Joaquim Angola à escrava Joana. Por fim, a serelepe Rosa, durante cinco anos ligada a José Congo, havia muito, parece, o traía – mas, nesse caso, a incauta era ela, no mínimo por fazê-lo quase diante de seu homem.

Ora, embora parte da historiografia se esmere em ressaltar o desregramento nas relações afetivas e familiares entre os escravos, os exemplos apresentados mostram que muitas vezes essas relações, mesmo quando não sancionadas, deveriam ser por todos respeitadas. As transgressões poderiam fazer que os atores se despissem de suas vestes jurídicas de livres e cativos, pondo-os frente a frente apenas na sua condição de homens e mulheres – insinuosos, possessivos, ciumentos e vingativos como quaisquer outros.

Voltando ao caso de Marcelino, que abre este livro, é possível dele reter apenas os elementos que ajudam a estabelecer, ainda em caráter provisório, as fronteiras do sentir-se familiar. O drama do liberto campista teve por atores um grupo que, dependendo da posição de ego, era formado por irmãos, filhos, netos, mães, pai, tia, sobrinhos, esposo, esposa, nora, sogra e avó – relações consanguíneas, matrimoniais e derivadas, congregando três gerações de indivíduos que se afirmavam como parentes e reproduziam no cotidiano seus laços familiares. Havia um amplo reconhecimento social desses laços, em particular daqueles de base consanguínea, inclusive pelos que, escravos ou livres, não faziam parte do grupo. A força das ligações familiares era tal que transbordava a condição jurídica de todos nelas diretamente envolvidos (havia parentes escravos e libertos), além de subverter o espaço onde se desenrolava o dia a dia contraditório da escravidão rural – Marcelino, sua mulher e sua mãe moravam juntos, mas fora da fazenda onde seus filhos e netos eram cativos.[4]

Uma fonte como o processo de Marcelino apenas sugere quais seriam as fronteiras *máximas* do sentimento de pertencer a uma família entre os escravos. Existiriam outros procedimentos que possibilitassem ter maior certeza acerca dessas fronteiras?

Uma pista poderia ser fornecida pela observação das práticas nominativas dos escravos. É de Ginzburg o alerta para o caráter universal do nome recebido ou assumido pelos indivíduos. De fato, se algo distingue uma pessoa de outra em todas as sociedades conhecidas, este algo é

4 Cf., sobre subversões promovidas pelo parentesco, o excelente artigo de Simonato, "O sítio do Ferreira e suas histórias", *Estudos Afro-Asiáticos*, n.27, p.137-65, 1995.

o seu nome.[5] Gutman, por sua vez, observa não ser necessariamente aleatório o fato de nomearem-se os filhos de tal modo e não de outro. Pelo contrário, apoiado no africanista Meyer Fortes, ele assume que em todas as sociedades as práticas de nomeação dos indivíduos são inestimáveis evidências históricas, que amiúde resumem experiências pessoais, acontecimentos importantes, visões de mundo, ideias e valores culturais. Aceitando essas premissas, Gutman utiliza as práticas de nomeação das crianças cativas para estabelecer diversos padrões socioculturais que entremeavam a família escrava do Sul dos Estados Unidos.[6]

Aqui, o fato de a grande maioria dos inventários *post-mortem* do agro fluminense não registrar nem o parentesco para além do núcleo primário formado por esposos e/ou pais e filhos, nem as uniões consensuais, impede incursões aprofundadas no tratamento metodológico dos nomes dos cativos. Por exemplo, por não se saber como se chamavam os avós paternos e maternos, não é possível aferir, pelo nome dos netos, a existência ou mesmo a força de uma memória genealógica permeando as famílias cativas. Assim, por não se ter neles o escopo completo dos parentes (avós, tios, padrinhos, madrinhas etc.), os inventários por si sós não permitem, em princípio, mapear-se através do nome as fronteiras das famílias, isto é, avaliar até que grau ou graus parentais se estendem as práticas de nomeação e, pois, a verdadeira fronteira do sentir-se família por parte de um escravo.

De novo a partir de um exemplo concreto, podem-se constatar não apenas os limites metodológicos dos inventários para um estudo mais minucioso das práticas de nomeação, mas também as opções abertas pelo cruzamento desse tipo de fonte com registros eclesiásticos e outras fontes. Trata-se do caso da família da crioula Valéria, cativa de José Cardoso dos Santos, grande proprietário da freguesia de Campo Grande, falecido em 1815.[7] De início, o manejo exclusivo do inventário, do mesmo ano da morte, permitiu detectar um núcleo

---

5 Cf. Ginzburg, *A micro-história e outros ensaios*, p.174.

6 Gutman, *The Black Family in Slavery and Freedom, 1750-1925*, p.185 ss.

7 Arquivo Nacional, "Inventário *post-mortem* de José Cardoso dos Santos, 1815", caixa 3.763, n.22.

familiar formado apenas por Valéria e seus filhos Zeferina, Celestina e Antônio. Contudo, o posterior cruzamento desse documento com registros de batismos tornou possível capturar outros parentes e, com eles, outras dimensões do problema. De fato, descobriu-se que ela iniciou sua vida de mãe com uma filha bastarda, Zeferina, que, parece, tinha o escravo João por pai. Quatro anos depois, pariu Demétrio e, em 1806, Maria, ambos concebidos quando já estava legalmente casada com João.

Demétrio e Maria teriam morrido muito jovens, destino que na certa foi também o de João. Mas apenas três anos depois de parir Maria, nascia Antônio, filho legítimo de Valéria, agora esposa do escravo Antônio. O mesmo casal teve ainda Celestina em 1812 e, entre esse ano e a abertura do inventário de José Cardoso dos Santos, o pai das crianças talvez tenha falecido, posto não constar do referido documento. A sua memória, contudo, perpetuava-se através do nome dado ao pequeno Antônio, seu filho. O Quadro 1 apresenta a família da escrava Valéria.

As práticas de nomeação de filhos capturados via cruzamento de fontes diversas (os inventários de José Cardoso dos Santos e de sua mãe, Úrsula Martins, de quem ele havia herdado parcela substancial de seus 243 cativos, e os registros de batismos dos escravos de ambos) indicaram o reconhecimento, enquanto familiares, do seguinte espectro de relações: mãe, pai, filhos, irmãos, tios, sobrinhos, primos, avós e netos. Trata-se de um quadro que aponta no sentido de que, na primeira metade do século XIX, os limites verticais máximos da família escrava iam dos avós até os netos, englobando um conjunto de três gerações ligadas por laços consanguíneos. Horizontalmente, os limites do sentimento de pertencer a uma família chegavam à incorporação dos primos.

O Quadro 2 apresenta um outro caso que demonstra não somente a existência, mas também a força social das relações entre parentes que ocupavam esses limites, em especial os verticais. Essa é uma família extensa cuja raiz era formada por pelo menos um cônjuge africano: a preta Isabel. Pela observação dos batismos anotados entre 1794 e 1812, foi possível determinar que Isabel, registrada sem marido no inventário de Cardoso dos Santos, era na verdade viúva do escravo Alberto e que seus dois últimos filhos, Catarino e João, eram legítimos. Quase com certeza os mais velhos (Esméria, Frutuoso e Dionísia) também eram do mesmo casal, sendo impossível saber se nasceram antes ou depois do matrimônio de ambos: esses três aparecem no inventário de 1815 como sendo "filhos de Isabel Africana".

Quadro 1 – Família originária de Valéria Crioula, João e Antônio, escravos pertencentes ao plantel de José Cardoso dos Santos (Campo Grande, 1815)

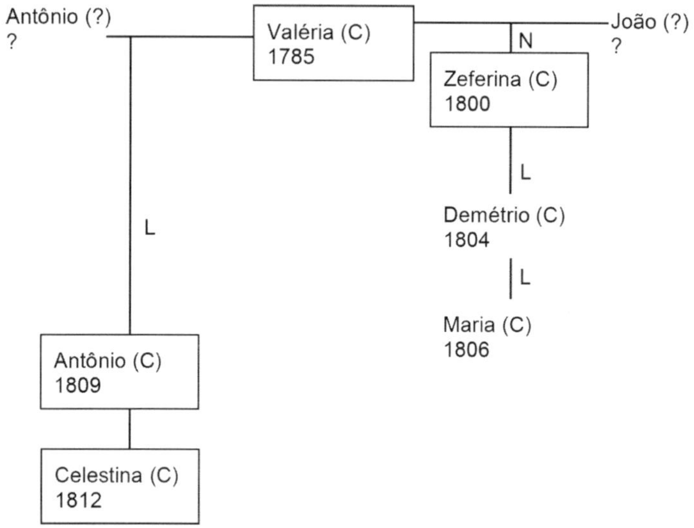

Obs.: As linhas horizontais indicam uniões matrimoniais e as verticais, as filiações; as letras C, L e N referem-se às condições crioula, filhos legítimos e filhos naturais, respectivamente; o ano abaixo do nome indica o de nascimento; os cativos inseridos em retângulos aparecem no inventário de 1815 e os que se encontram fora dos retângulos foram resgatados a partir dos registros de batismos.

Fontes: Utilizou-se o inventário de Cardoso dos Santos de 1815, a listagem de escravos do mesmo ano que se propõe a corrigir o referido inventário, a listagem de cativos do Engenho do Rio da Prata constante do inventário *post-mortem* de Úrsula Martins de 1809 (Arquivo Nacional, caixa 3.763, n.97) e os registros de batismos dos escravos de Úrsula Martins e José Cardoso dos Santos para o período 1794-1812, constantes do "Livro de batismos de escravos da freguesia de Campo Grande", pertencente ao acervo da Cúria Metropolitana do Rio de Janeiro.

Quadro 2 – Família originária de Isabel Africana e Alberto, escravos pertencentes ao plantel de José Cardoso dos Santos (Campo Grande, 1815)

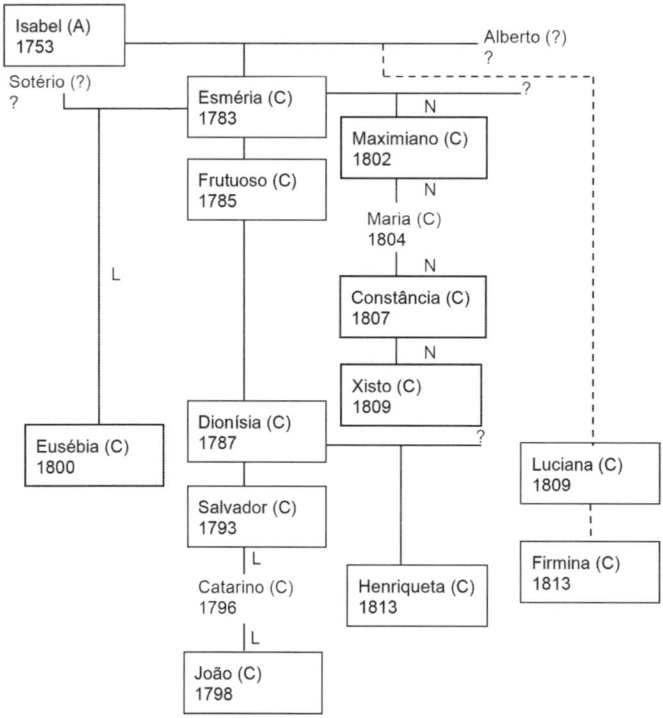

Obs.: As linhas horizontais indicam as uniões matrimoniais e as verticais, as filiações; as letras A, C, L e N referem-se às condições africana, crioula, filhos legítimos e filhos naturais, respectivamente; o ano abaixo do nome indica o de nascimento; os cativos inseridos em retângulos aparecem no inventário de 1815 e os que se encontram fora dos retângulos foram resgatados a partir dos registros de batismos; a linha pontilhada indica a relação entre avós e netos.

Fontes: As mesmas do Quadro 1

Situação diferente pode ser constatada para a mais velha de suas filhas, Esméria, que nasceu em 1783. O registro de batismo da primogênita desta, Eusébia, nascida em 1800, indica que muito cedo sua mãe se casara com Sotério, escravo que já não aparecia como pai dos quatro ulteriores filhos de Esméria – todos eles naturais. Teria Sotério sido vendido? Fugira ou falecera? O fato é que dois anos após ver-se só, Esméria dava à luz Maximiano, logo seguido por Maria (que parece haver morrido ainda na tenra infância), Constância e Xisto, perfazendo um espaçamento de dois anos e três meses entre cada concepção. É possível que os quatro últimos rebentos de Esméria tivessem um único pai, com quem ela, uma vez viúva, passara a viver consensualmente. Por outro lado, nada se pode afirmar sobre o estatuto matrimonial de outra das filhas de Isabel e Alberto, Dionísia, cuja filha Henriqueta, por haver nascido em 1813, escapou ao levantamento dos batismos. Mas o importante é que o próprio avaliador que montou a listagem de cativos de José Cardoso dos Santos especificou (isto é, reconheceu) que outras duas infantas, Luciana e Firmina, eram "netas de Isabel", ou seja, geradas de algum filho ou filha da velha preta africana, que pode ter nascido antes de 1794 e que possivelmente falecera depois de 1813. Mais ainda, são reconhecidos pela fonte como "netos de Isabel" a filha legítima de Sotério e Esméria, Eusébia, e ainda dois dos três filhos naturais desta (Maximiano e Xisto). Por trás das situações individuais, está a indicação do amplo reconhecimento social de livres e cativos para com uma relação familiar que subsistia apesar da morte dos pais (as netas Luciana e Firmina), mas que também subvertia a legitimidade (Maximiano e Xisto), posto que até para os bastardos existia um *locus* na família.

Um derradeiro aspecto importante relativo à família de Isabel se refere aos padrões de batizados, que assumem um percurso comum a outras famílias cativas do plantel. Sabe-se que Catarino e João, filhos de Isabel, foram batizados por padrinhos e madrinhas escravos (respectivamente, Francisco e Isadora, e Francisco e Domingas). Entretanto, quatro de seus cinco netos, todos eles filhos de Esméria, tiveram padrinhos que não apenas eram livres como desfrutavam de importantes postos militares: o alferes José Moniz de Carvalho e o tenente Sebastião José Barata, por exemplo. Esse *tour* no apadrinhamento – filhos batizados por escravos, netos por livres ou forros – se repetia em outros casos. Seria este um indicativo de que, à medida que as gerações de uma família se sucediam – isto é, à medida que ela se sedimentava no tempo –, a busca da solidariedade e proteção por intermédio do compadrio tendia a se expressar em direção a alianças com pessoas de estatuto jurídico superior?

Também interessante é a análise da família extensa cuja matriz era formada por Joana Benguela e João, este ao que parece já morto em 1815, mas capturado através de registros de batismos (ver Quadro 3). Tratava-se, de início, de uma família totalmente construída dentro da norma, porque todos os cônjuges eram casados pela Igreja, sendo pois legítimos todos os filhos. Repetia-se aqui o padrão de batismo observado no exemplo da família do Quadro 1: ao menos dois dos filhos de Joana Benguela (Anastácio e Silvério) haviam sido batizados por escravos. Entretanto, dois de seus quatro netos (Fidélis e Luciano, filhos de Felícia e do barbeiro Antônio) tiveram como padrinho o livre José Clemente.

Anastácio e Silvério não aparecem no inventário de 1815, talvez por haverem falecido ainda muito crianças. O primeiro teve como padrinhos sua irmã Felícia e seu cunhado Antônio, os quais o homenagearam, depois, pela adscrição de seu nome à penúltima filha de ambos, Anastácia, nascida em 1805.

Manejando apenas os inventários do período 1790-1830, foram rastreados núcleos familiares primários (consanguíneos e/ou matrimoniais) cujos membros são explicitados pela fonte (esposos, pais e filhos). Observou-se que, das 47 famílias nucleares com filhos detectadas para 1790-1807, nenhuma registrou nomes de filhos iguais aos dos pais ou mães. O padrão se repetiu entre as 22 famílias desse tipo localizadas no intervalo 1826-1830. Somente no período 1810-1825 é que, dentre as 61 famílias nucleares encontradas, seis puseram nos filhos os nomes de pais ou mães. É, por conseguinte, flagrantemente baixa a prática desse padrão de nomeação dos rebentos entre grupos familiares sancionados pela norma.

Os registros de batismos de filhos legítimos confirmam que, durante a primeira metade do século XIX, poucos da prole de escravos herdavam os nomes paterno ou materno. Dos batizados de legítimos na freguesia de Inhaúma entre 1816 e 1843, apenas 5% mostram filhos recebendo nomes do pai e/ou da mãe, número que chega a 3% na freguesia de Jacarepaguá, entre 1795 e 1801; a 4% na freguesia urbana de São José, de 1802 a 1810; e a apenas 0,5% dos batizados na freguesia rural de Mambucaba, entre 1830 e 1849.[8]

Contudo, essas cifras podem estar a indicar, por exclusão, que as práticas nominativas escravas estavam calcadas no resgate de vivências e relações que extrapolavam em muito o núcleo familiar consanguíneo formado por mãe, pai e filhos, envolvendo sobretudo outros tipos de parentes consanguíneos imediatos (tios, tias, avós etc.), além dos putativos (padrinhos, madrinhas etc.). Assim, se tais práticas definem um escopo familiar, estamos diante de uma concepção de laços parentais que ultrapassa a consanguinidade.

O conjunto de registros de batismos das freguesias de Inhaúma, Jacarepaguá, São José e Mambucaba reforçam essa hipótese, ao mostrarem ter sido mais usual conferir a uma criança escrava o nome de seus padrinhos que o de seus pais. Dos batizados de filhos legítimos de Inhaúma, 5% incluíam crianças nomeadas como os padrinhos e madrinhas, cifra que, para Jacarepaguá, São José e Mambucaba chegava a, respectivamente, 6%, 7% e 5% – padrinhos estes escravos (dos mesmos plantéis dos batizandos ou não), livres e forros. Apesar de escassos, esses números insinuam que a concepção de família escrava podia ultrapassar não apenas o núcleo consanguíneo primário, mas também o âmbito do próprio plantel e mesmo a condição jurídica dos cativos. A nomeação de filhos de famílias de mães solteiras revela igual padrão: em Inhaúma, apenas 0,5% dos registros de batismos desse tipo referia-se a crianças que receberam o nome da mãe, enquanto 6% incluíam aquelas com os nomes dos padrinhos. Para Jacarepaguá, São José e Mambucaba, 1% dos bastardos foi nomeado como a mãe, mas a 3%, 8% e 4%, respectivamente, foram dados nomes iguais aos de

8 Os levantamentos dos registros de Inhaúma, Jacarepaguá e São José foram realizados no Arquivo da Cúria Metropolitana do Rio de Janeiro por, respectivamente, José Roberto Góes, César Lemos e Luiza Saldanha, e Roberto Guedes. Os registros de Mambucaba foram levantados no acervo do Convento de Nossa Senhora do Carmo, Angra dos Reis, por Márcia Cristina Roma de Vasconcellos. O número de batismos de crianças legítimas para Inhaúma, Jacarepaguá, São José e Mambucaba chega, respectivamente, a 230, 143, 103 e 183 casos (naturalmente, foram levados em conta somente os registros cujos nomes não deixassem margem a dúvidas).

padrinhos e madrinhas de todas as condições jurídicas, pertencentes ou não, no caso dos escravos, aos plantéis dos batizandos.[9]

Quadro 3 – Família originária de Joana Benguela e João, escravos pertencentes ao plantel de José Cardoso dos Santos (Campo Grande, 1815)

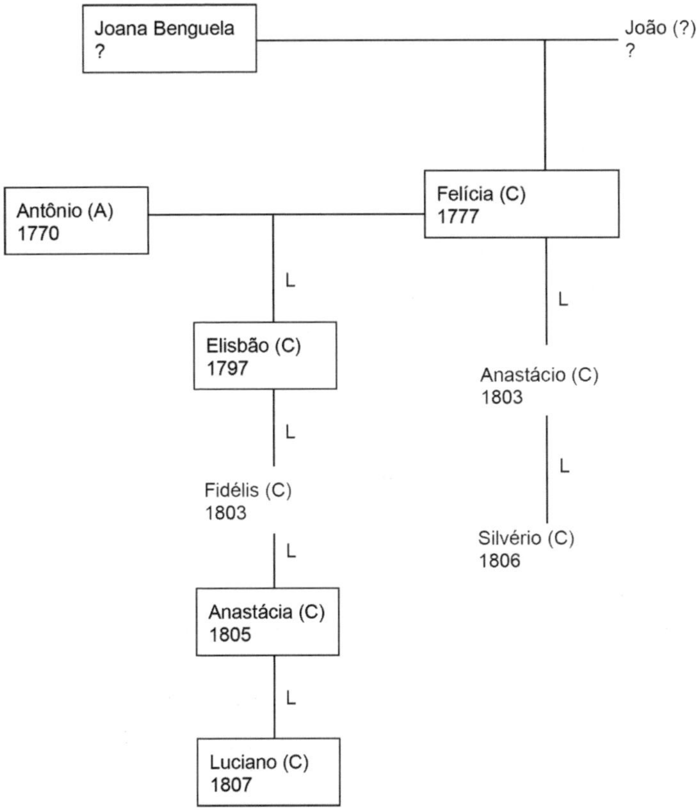

Obs.: As linhas horizontais indicam as uniões matrimoniais e as verticais, as filiações; as letras A, C e L referem-se às condições africanas, crioula e filhos legítimos, respectivamente; o ano abaixo do nome indica o de nascimento; os cativos inseridos em retângulos aparecem no inventário de 1815 e os que se encontram fora dos retângulos foram resgatados a partir dos registros de batismos.

Fontes: As mesmas do Quadro 1.

9 O número de batismos de crianças ilegítimas para Inhaúma, Jacarepaguá, São José e Mambucaba chega, respectivamente, a 887, 241, 1.102 e 482 casos.

A família escrava se abria, pois, e, no contexto específico da escravidão, tal abertura tinha um sentido eminentemente político. Na verdade, o que se buscava era aumentar o raio social das alianças políticas e, assim, de solidariedade e proteção, para o que se contava inclusive com ex-escravos, escravos pertencentes a outros senhores e, em casos eventuais, com alguns proprietários (note-se aqui o papel estabilizador da família tanto para os cativos como para o sistema inclusivo, já que, em tese, no interior desses grupos parentais as expectativas de conflito, indefinidamente recriadas pela escravidão, deviam tender a tornar-se mais modestas). A família escrava ia além do que revelam os inventários, mas não sabemos ao certo o quanto. Acaso, por isto, poder-se-ia pleitear ser o escopo parental dos cativos tão amplo a ponto de impedir qualquer referência a "famílias escravas"? Dito de outro modo, a ampla extensão dos laços de aliança e solidariedade escravos tornaria mais adequado falar, não em familiares, mas sim em meros "grupos de convívio"?

Os inventários indicam que, em quatro famílias nucleares estudadas no intervalo de 1810-1825, os nomes dos filhos eram os mesmos dos pais, e em duas, os das mães. Por outro lado, os registros de batismos de Inhaúma (1817-1842) mostram que, dentre os onze filhos legítimos que tinham os nomes dos pais, em apenas um deles o batizando recebeu o da mãe. Em Jacarepaguá (1795-1801) e na freguesia urbana de São José (1802-10), dos quatro registros considerados em cada uma das localidades, em três os filhos foram nomeados como os pais. No único caso detectado em Mambucaba (1830-49), a nomeação se baseava no pai. Portanto, quando os filhos herdavam os nomes dos pais ou das mães, as práticas nominativas dos escravos fluminenses privilegiavam sobretudo o lado paterno.

Embora baseados em cifras tão frágeis, é possível estarmos diante de um padrão semelhante ao avaliado por Gutman, a partir de uma ampla amostragem, para o velho Sul dos Estados Unidos. Gutman acredita que a preferência pelo nome do pai, em prejuízo do lado materno, nascia da situação instável dos homens escravos, que eram preferidos para compra e venda no mercado e, portanto, mais sujeitos à separação de suas famílias. Conferir o nome do pai ao filho reiterava, num gesto simbólico, o laço que o unia à criança, e assegurava a continuidade temporal de uma relação que complementava aquela mais próxima entre mãe e filho. Aos cativos, portanto, a antiga prescrição romana do *partus sequitur ventrem* não necessariamente implicava a ausência absoluta (física e simbólica) do pai.[10] Os esmaecidos e fragmentários sinais relacionados aos nomes dos escravos encontrados nas fontes indicam, pois, que, por mais amplo que tenha sido o escopo da rede familiar cativa, ela se reconhecia calcada em um núcleo primário baseado na consanguinidade e/ou no matrimônio, e se adaptava às circunstâncias que envolviam a reiteração desse grupo, procurando preservá-lo em diversos níveis.

Se o sentimento de ser membro de uma família se estendia aos padrinhos, como acreditamos, é possível acrescentar à rede de escravos aparentados os laços criados pelo batismo cristão. De fato, o compadrio é uma relação parental de base espiritual, mas nem por isso menos importante do que aquelas de outros tipos, como as de base consanguínea ou o parentesco por meio de alianças matrimoniais, por exemplo, sobretudo no âmbito de uma sociedade em que o cristianismo a tudo plasma. O mesmo vocábulo designava o pai espiritual e guia nos mistérios de Deus e o eventual protetor no mundo cá de baixo, do cativeiro. O sacramento do batismo foi uma oportunidade aproveitada pelos cativos para tecer laços de proteção e ajuda mútuas.[11]

Conhecemos algo acerca dos padrões gerais de compadrio escravo no agro fluminense. Na freguesia de Inhaúma, entre 1817 e 1842, dois terços dos padrinhos eram também escravos. Dois em cada três pertenciam ao mesmo senhor de seus afilhados. Isso se repetia na freguesia de Jacarepaguá, no período 1795-1805, e em Mambucaba, em 1830-1849.[12] Não parece absurdo afirmar que pelo menos 10% ou 20% dos

10 Gutman, *The Black Family in Slavery and Freedom, 1750-1925*, p.190-1.

11 Góes, *O cativeiro imperfeito*, p.131; e Gudeman; Schwartz, "Purgando o pecado original", in: Reis (Org.), *Escravidão & invenção da liberdade*, p.33-59.

12 São 1.654 registros de batismos para Inhaúma (cf. Góes, op. cit., p.184-5); 393 para Jacarepaguá (cf. "Registros de batismos de escravos de Jacarepaguá", Arquivo da Cúria Metropolitana do Rio de Janeiro); e 798 para Mambucaba

cativos que nas fontes aparecem desprovidos de parentesco na verdade fossem afilhados, padrinhos ou madrinhas de outros como eles.

Tem sido visto que os inventários *post-mortem* raramente registram relações que não as consanguíneas e as matrimoniais sancionadas pela Igreja. Este é, portanto, o escopo familiar escravo reconhecido pelo mercado de escravos através dos avaliadores que estabeleciam preços para os cativos. A ele nos referiremos de agora em diante como núcleo familiar primário ou de primeiro grau. Na Tabela 4, podem-se verificar quantos eram os indivíduos assim vinculados em cada intervalo de tempo.

Entre 1790 e 1830, de 35% a 25% dos escravos do agro fluminense estavam unidos por laços familiares primários. Observe-se que a simples recorrência temporal desse tipo de laço demonstra não serem variáveis excludentes a socialização familiar e o tráfico.[13] Mais ainda, a frequência desses laços variava de maneira inversamente proporcional às flutuações do tráfico atlântico e era sempre mais recorrente nos grandes plantéis. Se, no intervalo de 1826-1830, do ponto de vista global e dos tamanhos dos plantéis, tal proporcionalidade inversa não ocorria para as propriedades com menos de vinte escravos, isto se deve ao já referido movimento de perda de mulheres férteis destes para os maiores plantéis, o que lhes diminui a consecução da filiação consanguínea, ao mesmo tempo que incrementa os nascimentos nos grandes plantéis.

Em realidade, como o universo de inventários revela apenas parte das relações familiares estabelecidas no interior de um dado plantel, somente o cruzamento dessa fonte com outras pode ajudar a superar tal limitação. Desse modo, retomando o estudo realizado com o inventário de José Cardoso dos Santos, vê-se que a reconstituição do escopo familiar de seus escravos unicamente com base na listagem

---

(cf. "Registros de batismos de escravos de Mambucaba", Arquivo do Convento de Nossa Senhora do Carmo, Angra dos Reis).

13 Dentre os autores que apontam, por razões diferentes, para a incompatibilidade entre relações familiares e escravidão, cf. Giacomini, *Mulher escrava*, p.29; e Costa, *Da senzala à colônia*, p.315.

Tabela 4 – Variação das taxas de crescimento médio anual do tráfico, e dos escravos aparentados nos pequenos (de dois a nove escravos) e grandes (mais de vinte escravos) plantéis de cativos (1790-1830)

Faixa de tamanho de plantel	*1790-1807*			*1810-1825*			*1826-1830*		
	2-9	*10-19*	*+20*	*2-9*	*10-19*	*+20*	*2-9*	*10-19*	*+20*
Número de escravos	228	313	680	199	356	1.716	38	102	481
(%) Parentes de primeiro grau	31,1	23,6	42,4	25,1	20,2	25,5	23,7	7,8	36,8
Crescimento do tráfico	0,35			2,40			4,50		
Total de parentes de primeiro grau	35,5			24,7			31,2		

Fontes: Tabela 3 e Arquivo Nacional, "Inventários *post-mortem* (1790-1830)". Para a construção desta tabela, tomou-se como universo apenas o total dos inventários com maior grau de acuidade nas informações, ou seja, aqueles que sempre informavam simultaneamente sobre as idades, profissões, estado físico e relações parentais dos escravos.

de cativos de 1815 permitiu capturar 149 parentes (61% do total de 243 cativos), cifra que subiu para 184 (76%) a partir de seu cruzamento com o inventário de sua mãe, e para 197 (81%) com a introdução dos registros de batismos.[14]

É plausível, pois, que, tal como no exemplo de Cardoso dos Santos, o cruzamento do conjunto de inventários com registros de base eclesiástica elevasse em 20% os índices gerais encontrados na Tabela 4. Isto viabilizaria obter índices de parentesco próximos a 45% no limite mínimo, e a 55% no máximo. Se a essas cifras forem acrescentados 10% ou 20% de escravos que nas fontes aparecem desprovidos de parentesco, mas que na verdade eram afilhados, padrinhos ou madrinhas de outros cativos, estaremos perante algo em torno de 55% a 75% de cativos socializados através da consanguinidade e/ou de alianças baseadas no matrimônio e no compadrio. Observe-se que mesmo estas últimas cifras não consideram as inúmeras relações consensuais entre os escravos.

A Tabela 4 serviu como ponto de partida para montar o Gráfico 5. Este mostra a variação do fenômeno do parentesco de primeiro grau de acordo com o tamanho dos plantéis e contraria o que alguns têm dito acerca da escravidão. Conforme crescia o tamanho do plantel, e portanto, mais lucrativa era a empresa, maior a sua proximidade com o parentesco (sancionado ou não) e maior a própria efetivação desses laços. Além disso, a relação diretamente proporcional entre tamanho de plantel e parentesco constitui mais uma indicação de que as famílias escravas tinham por sentido fundamental o estabelecimento da paz.

---

14 Hackenberg, *Os escravos e seus laços parentais*, p.35-7. Há ainda o caso, excepcionalmente raro por sua acuidade, do inventário *post-mortem* de Pascoal Cosme dos Reis (Arquivo Nacional, caixa 416, n.1.987), morador na freguesia de Jacarepaguá, aberto em 1850 e fechado em 1852, do qual constam informações sobre o estado civil e os laços de filiação para todos os escravos existentes no interior de um plantel de 379 escravos, em 1852. Tal material foi localizado e levantado por Hilton M. de Souza e apresenta 343 cativos aparentados (90,5% do total), além de vinte viúvos. Apenas dezesseis deles (4,2% do total) se encontram fora das redes parentais, sendo efetivamente solteiros.

Tal como nas fases de aumento do número de desembarques, com o consequente crescimento da quantidade de escravos no interior dos grandes plantéis, o que se constata é o incremento do potencial de conflito entre eles. Se pensarmos que nos picos do tráfico foi nos grandes plantéis que se deu o maior afluxo de estrangeiros e o encontro de diversas etnias, veremos o quão difícil será unificar tal diversidade sob termos como "escravos" ou "mercadorias vivas". A busca da paz, portanto, se intensifica como resposta à maior potencialização do estado social de guerra.

Gráfico 5 – Flutuação dos escravos aparentados entre os pequenos (dois a nove escravos), médios (dez a dezenove escravos) e grandes plantéis (mais de vinte escravos (1790-1830)

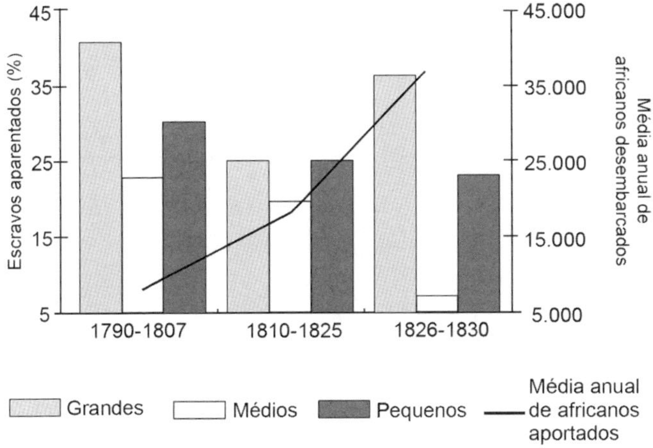

Fonte: Tabela 4.

Seguindo a mesma linha de raciocínio, os gráficos 6, 7 e 8 demonstram a generalização do parentesco pelas faixas etárias. Também põem em dúvida julgamentos sedimentados acerca da escravidão. O cativo, após os 15 anos, aos poucos reconstruía uma rede familiar. Isto é, ele, em uma idade economicamente ótima, em teoria a melhor presa à reificação, em vez de perder parentes, ganhava-os. Além disso, contra o pretendido por Finley, esclarecem não ser individual e solitário o destino escravo.[15] Os mesmos gráficos indicam uma acentuada queda das relações parentais entre as crianças desde o nascimento até os 14 anos. Trata-se, para o intervalo entre os 10 e os 14 anos, do resultado esperado da crescente incorporação de crianças africanas aos plantéis (infantes desarraigados, é evidente). Após aquela idade, de predomínio cada vez maior de africanos, os gráficos 6, 7 e 8 revelam a ressocialização escrava mediante o aumento da frequência de laços familiares.

Gráfico 6 – Variação das taxas de africanidade e de escravos aparentados por faixa etária (1790-1807)

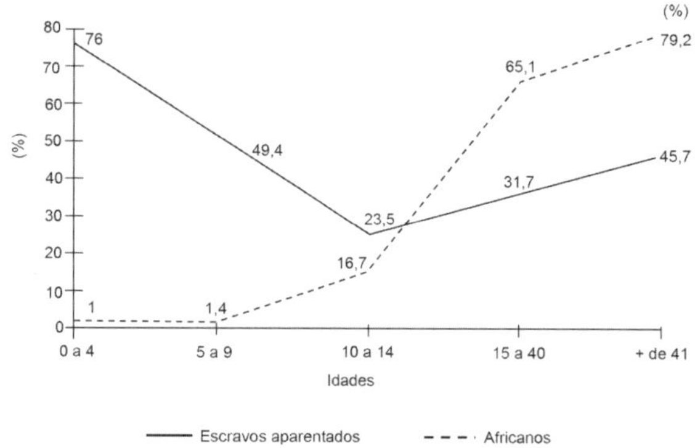

Fonte: Apêndice 3.

Antes dos 10 anos, entretanto, a ínfima participação de africanos indica que o declínio acentuado do parentesco infantil desde o nascimento derivava de outros fatores, alguns lógicos, apenas dedutíveis, outros pouco passíveis de comprovação. Pode-se pensar, por exemplo, nas vendas e partilhas de herança que compulsoriamente separavam pais e filhos, aumentando o número de infantes solitários. Mais adiante, será visto que as fontes brasileiras dificultam a aferição adequada dos índices de separação de familiares em operações de mercado antes de 1850. Será verificado também, contudo, que, após as partilhas jurídicas entre os herdeiros, cerca de três em cada quatro famílias de cativos permaneciam integralmente unidas. Ao contrário

15 Finley, *Escravidão antiga e ideologia moderna*, p.73 ss.

do que encontrou Gutman nos Estados Unidos, portanto, à morte dos plantadores fluminenses não correspondia a desintegração da maior parte dos grupos familiares escravos, ao menos por via das partilhas legais.[16] Porém, deve-se ressaltar que, embora a permanência da unidade familiar fosse a tônica, os 25% de famílias separadas por esse meio na certa se expressam na queda de frequência de laços parentais entre o nascimento e os 14 anos de idade dos escravos.

Gráfico 7 – Variação das taxas de africanidade e de parentes, por faixa etária (1810-1825)

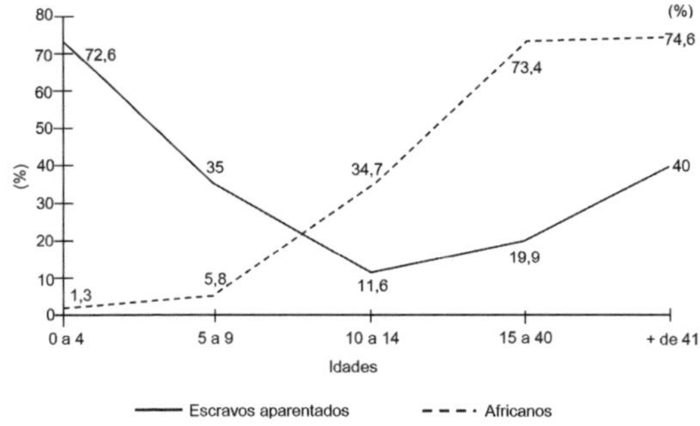

Fonte: Apêndice 3.

Gráfico 8 – Variação das taxas de africanidade e de parentes, por faixa etária (1826-1830)

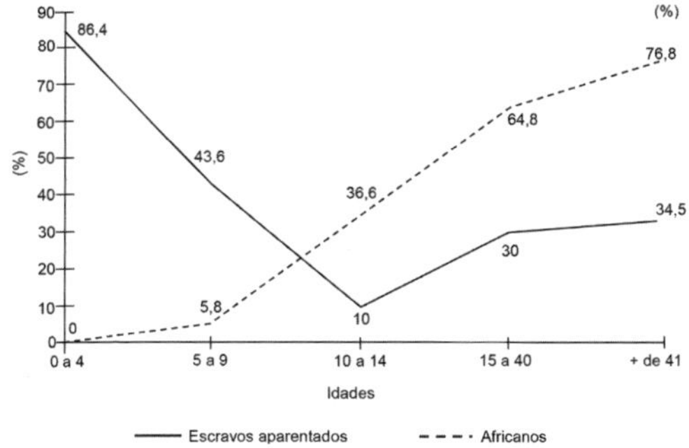

Fonte: Apêndice 3.

16 Gutman, *The Black Family in Slavery and Freedom, 1750-1925*, p.138 ss.

As manumissões que apartavam os pais de suas respectivas proles também contribuíam para a configuração da curva descendente dos gráficos, embora, na realidade, não configurassem um estilhaçamento dos vínculos familiares. Da ocorrência de separações através desse instrumento jurídico, o filicídio perpetrado por Marcelino é rico exemplo. Marcelino fora alforriado quando da morte de seu senhor, o capitão Manuel Antônio Barrozo, quem sabe junto com a mulher e a mãe. Uma simples penada (afiançada por longos anos de boa conduta, é certo) promoveu a separação entre pai, mãe e avó, de um lado, e filhos e netos, de outro. No entanto, nós o sabemos, essa fratura do núcleo familiar apenas aconteceu no inventário do capitão, não no mundo real em que todos estavam condenados a levar a vida. Paulina e Josino permaneceram cativos e filhos, e, para desgraça de todos, foram por isso assassinados.

Pode-se ainda inferir da curva descendente em questão situações em que pais impacientes abandonavam a escravidão e, junto, suas proles. Isto sem contar com as mortes de ambos os pais ou somente das mães (se estas fossem solteiras ou viúvas), situações que, por serem muito frequentes, devido à alta mortalidade dos adultos, podiam tornar solitários os infantes. A esse respeito, o inventário *post-mortem* de Pascoal Cosme dos Reis (1850-1852) é exemplar.[17] Nele consta o minucioso registro de todos os óbitos de escravos em seu engenho entre 1842 e 1852, e são anotadas as mortes de 128 cativos – mais de dez por ano, portanto. Destes, 54 eram crianças, recém-nascidos em sua grande maioria. Dos 74 restantes – todos adultos –, nada menos do que 45 eram casados ou viúvos! Ainda assim, esse grande plantador da freguesia de Jacarepaguá, ao morrer, era dono de 379 escravos.

O que talvez contribuiu de maneira decisiva para a queda da curva de parentesco infantil até os 9 anos tenha sido o surdo encontro entre as múltiplas situações que resultavam na saída dos pais dos plantéis e os atributos culturais que impediam os homens livres de reconhecer uma criança como parente escravo. Em outras palavras, a curva em

17 Arquivo Nacional, "Inventário *post-mortem* de Pascoal Cosme dos Reis, 1850-1852".

questão não expressaria a frequência do parentesco primário infantil até os 9 anos, a não ser do ponto de vista da grande maioria dos responsáveis pela avaliação dos escravos.

Partindo-se do pressuposto de que a venda, partilha, manumissões, fugas ou morte dos pais somente redundariam em total solidão parental infantil se não restassem às crianças que continuavam no plantel quaisquer outros parentes (irmãos, tios, sobrinhos, primos, avós e netos), perder os pais não era condição suficiente para, *do ponto de vista dos escravos,* configurar a solidão parental infantil. Não era esta, naturalmente, a concepção dos homens livres. O olhar restritivo dos senhores e avaliadores de escravos sobre o que para eles deveria ser um parente cativo tendia a operar a partir de dois princípios básicos. O primeiro, legal, digamos assim, permitia reconhecer as relações escravas sancionadas por via eclesiástica – fundamentalmente o matrimônio que unia os esposos. O segundo princípio, afeito de maneira mais direta às crianças, estava calcado no reconhecimento dos laços de consanguinidade que uniam pais e filhos. Contudo, nesse caso, apesar de o processo de Marcelino exemplificar a força do reconhecimento social de tais relações, no dia a dia a consanguinidade escrava tendia a ser identificada pelos homens livres à descendência uterina – vale dizer, o preceito do *partus sequitur ventrem.*

No que tange à produção social da fonte, a operacionalização desse último preceito levava avaliadores e senhores a assinalar nos inventários a maioria das relações entre mães e filhos, ainda que estes tivessem surgido de ligações consensuais ou que a criança não houvesse sido batizada. Na ausência da mãe, porém, era comum eludir-se o parentesco entre pai e filhos presentes, inclusive quando os pais houvessem se unido a mulheres sob sancionamento eclesiástico. Em suma, embora as curvas mostradas pelos gráficos 6, 7 e 8 devessem expressar os laços que uniam grupos familiares primários (pais, filhos e esposos sem filhos), elas em geral não capturaram os homens viúvos *com filhos* nem, com certeza, aqueles que, mesmo convivendo com sua prole, não tivessem sacralizado sua convivência com as parceiras ausentes. Isto para não falar no sub-registro de irmãos órfãos, que deveriam ser numerosos. Prova-o o fato de que, ainda quando os inventários *post-mortem* declarem apenas os rebentos sobreviventes, em nenhuma das conjunturas do tráfico as mães escravas maiores de 30 anos tinham, em média, menos de 1,6 filho, cifra que, para as abaixo dessa idade, atingia uma média mínima de 1,2 filho.[18]

O cruzamento de fontes múltiplas relativas aos escravos de nosso conhecido José Cardoso dos Santos, aberto em 1815, fornece importantes elementos acerca da paisagem familiar infantil do agro fluminense. Em seu engenho do Cabuçu, consideradas desde o nascimento até os 4 anos, sete entre cada dez crianças conviviam com pai e/ou mãe ou, na ausência destes, na pior das hipóteses com outros irmãos. Para aquelas entre 5 e 9 anos de idade, a proporção chegava a quase oito entre cada grupo de dez pequenos escravos, caindo para dois terços dos infantes entre 10 e 14 anos. Retendo, pelo contrário, as crianças ligadas a todo e qualquer tipo de parente, e não apenas aos pais e irmãos, o índice alcançou nove entre cada dez de até 4 anos, abarcou praticamente todos os cativos que tinham entre 5 e 9 anos de idade, e caiu para cerca de oito a cada dez infantes entre 10 e 14 anos. Independentemente do critério adotado, as frequências de parentesco eram sempre menores entre crianças de até 4 anos, em comparação ao intervalo etário posterior (de 5 a 9 anos de idade).[19]

Detenhamo-nos agora no raríssimo – por sua acuidade – inventário *post-mortem* de Pascoal Cosme dos Reis, que nos brinda com um perfil um pouco distinto da paisagem parental infantil.[20] Embora relativo a uma época (1852) em que o tráfico ilegal praticamente já não existia, era de se esperar que os perfis demográficos das crianças de Cosme dos Reis acusassem os enormes desembarques de africanos ocorridos durante a segunda metade da década de 1840.[21] Contudo, *todos* os menores escravos de até 14 anos viviam com pai e/ou mãe.

---

18 Cf. Apêndice 4. As idades médias desses filhos variavam entre 4,5 e 5,5 anos.

19 Cf. Apêndice 5.

20 Cf. Apêndice 5.

21 As importações de africanos realizadas pelas regiões brasileiras ao sul da Bahia chegaram a uma média anual de 11.500 escravos entre 1831 e 1835, 40.500 entre 1836 e 1840, 18.160 entre 1841 e 1845, e 41.800 de 1846 a 1850 (cf. Eltis, *Economic Growth and the Ending of the Transatlantic Slave Trade*, p.244).

Mais que isto, até os 9 anos, 96% deles também conviviam com um ou dois avós, e 91% com tios e tias, além dos primos.

É possível que a ampla utilização de fontes cruzadas (inventários de procedências diversas, batismos e casamentos) que o resgatou tenha tornado a paisagem parental infantil do plantel de José Cardoso dos Santos mais próxima à que de fato predominava no agro fluminense durante a fase B do tráfico. Assim, é provável que, ao morrer, Cardoso dos Santos tivesse um envolvimento insignificante com o mercado externo de almas, não participando, ao menos ativamente, sequer do mercado de crioulos. Quiçá sua escravaria crescesse através da reprodução natural.[22]

Por outro lado, embora não se tenha conseguido capturar em seu plantel os pais que viviam com os filhos apesar de terem perdido as parceiras consensuais, pôde-se resgatar, além dos casais com filhos e mães solteiras e/ou viúvas, os pais viúvos, os irmãos órfãos e os parentes que extrapolavam os núcleos primários formados por esposos ou pais/filhos.[23] Por fim, como nesse conjunto documental não se registra a incidência de africanos entre as crianças, sua utilização oferece a oportunidade de detectar a situação parental infantil sem a interferência do tráfico transatlântico.

Para a peculiar configuração do plantel de crianças de Cardoso dos Santos, devem ter contribuído, conjuntamente e de maneira mais contundente do que qualquer outro fator, tanto as mortes de muitos dos

---

22 É o que se infere da enorme porcentagem de cativos menores de 15 anos (44%, contra 22% do padrão geral dos grandes plantéis do intervalo 1810-1825). Cf. Arquivo Nacional, "Inventário *post-mortem* de José Cardoso dos Santos, 1815", caixa 3.763, n.22. No engenho de Pascoal Cosme dos Reis, os cativos de menos de 15 anos somavam 34% da escravaria.

23 Uma breve tipologia das famílias escravas presentes em seu plantel indica a existência de oito arranjos nucleares (casais com e sem filhos), 16 matrifocais, 14 famílias extensas e 3 fraternas. Existia ainda uma família patrifocal e um dos escravos era viúvo. Tais arranjos englobavam, respectivamente, 24, 49, 94, 11, 3 e, naturalmente, 1 parente (cf. Hackenberg, *Os escravos e seus laços parentais*, p.36). Com relação ao plantel de Pascoal Cosme dos Reis, estavam assim distribuídas as 84 famílias dele constantes: 11 extensas, 5 matrifocais e 68 nucleares (das quais 53 com filhos). Tais arranjos englobavam, respectivamente, 77, 5 e 255 parentes. Havia ainda 16 escravos solteiros e 20 viúvos.

pais ainda na primeira infância delas – em especial as de mães cativas por ocasião de seus partos[24] – quanto a alta incidência de falecimentos de infantes desarraigados de 5 a 9 anos de idade.

Contudo, é de se supor que os índices de relações familiares primárias envolvendo uma criança escrava baixassem à medida que se incrementasse o tráfico de africanos sem, no entanto, chegar-se a níveis tão exíguos como os expressos pelos gráficos 7 e 8. Nesse caso, a queda da frequência parental infantil não adviria diretamente do incremento dos desembarques de negros, mas sim de derivações lógicas de tal movimento, como o incremento da mortalidade adulta, das fugas e mesmo das compras e vendas que separavam parentes.

24 O já mencionado inventário de Pascoal Cosme dos Reis registra, entre os óbitos de escravos, alguns casos de falecimento de mães por ocasião da época do parto. Tais são, por exemplo, os casos de Justina e Damiana, crioulas casadas que faleceram logo depois de parirem, respectivamente, Valeriana (1846) e Vicente (1847), que também faleceram ainda bebês. Mais dramático foi o caso da africana Reginalda, que, grávida, perdeu o marido Anacleto. Mesmo assim, ela conseguiu trazer ao mundo o crioulinho Calixto que, também recém-nascido, veio a falecer em 12 de fevereiro de 1847. Onze dias depois morria a própria Reginalda (cf. Arquivo Nacional, "Inventário *post-mortem* de Pascoal Cosme dos Reis, 1850-52", *passim*).

5

Das relações entre ocupação e família escrava

Autores há que postulam, implícita ou explicitamente, o estabelecimento de nexos entre a família e os tipos de especialização ocupacional dos escravos. Se vamos a Gilberto Freyre, logo o surpreendemos a apoiar-se em Antonil para montar um cenário em que o grande senhor rural se opõe ao casamento dos cativos e, ao mesmo tempo, faz vista grossa em relação a seus amancebamentos. Isto quando o pleno exercício de sua prepotência não o leva a, de maneira discricionária, escolher os futuros amantes que passarão a viver como marido e mulher, porém à margem dos santos sacramentos. Mas, até quando enlaçados pela norma eclesiástica, os cônjuges não escaparão do poder senhorial, ficando sempre à mercê da separação, que, se não definitiva, pode durar tanto tempo a ponto de esses cativos em nada se diferenciarem dos solteiros. Entretanto,

> deve-se [...] distinguir entre os escravos de trabalho agrícola e os de serviço doméstico – estes beneficiados por uma assistência moral e religiosa que muitas vezes faltava aos do eito.[1]

Eis a deixa para que Freyre encontre não apenas uma hierarquia que separa e realoca os escravos entre si, mas que também possui em

1 Freyre, *Casa-grande & senzala*, p.450.

seu topo uma "parte aristocrática [que] eram os escravos de serviço doméstico".[2] O critério de diferenciação é aqui menos o do estatuto profissional propriamente dito do que a possibilidade de que a ocupação aproxime ou afaste o cativo da casa-grande, esta sim a ambígua fonte de princípios que podem contrabalançar a promiscuidade e a lassidão intrínsecas ao escravismo.

Uma vez inseridos como profissionais na morada senhorial, os cativos encontrarão elementos pedagógicos (práticas, conhecimento, educação) para que entre eles se estabeleçam laços mais condizentes com as morais religiosa e laica. Assim, e por oposição aos do eito, os escravos domésticos poderão até se alfabetizar, mas deles se exigirá serem sempre batizados. Eles também verão aumentar sua autonomia na escolha dos futuros cônjuges, aos quais se ligarão de acordo com os preceitos eclesiásticos aceitos, com as famílias que a partir daí surgirem não estando tão sujeitas à separação.[3] Em última instância, pois, em Gilberto Freyre, o percurso entre o eito e os serviços domésticos é também o da transformação do *instrumentum vocale* em homem.[4] Se nesse transcurso o cativo se defrontava com o parentesco (não o parentesco em geral, mas o sancionado pela norma), tal encontro era menos caudatário da habilidade específica de cada escravo do que da mediação da vivenda senhorial.

Não se encontra em outros autores uma relação direta entre ocupação e socialização familiar, até porque eles negam qualquer peso estrutural ao parentesco escravo. Mas há em alguns clássicos pistas que permitem deduzir estar implícita uma correspondência entre os dois termos. Em Fernando Henrique Cardoso, por exemplo, embora em geral o escravo não passasse de "força bruta [...] apto apenas para

---

2 Ibid., nota 100, p.476.

3 É de Gorender a afirmação de que era "mesmo possível que, em algumas fazendas, casais escravos conseguissem estabilidade familial. O que, sem dúvida, sucedia com maior frequência entre o pessoal doméstico" (cf. *O escravismo colonial*, p.342-3).

4 "Na hierarquia da escravatura brasileira das grandes fazendas ou engenhos, o *status* do escravo ia desde o de quase pessoa da família ao de quase animal ou quase bicho" (Freyre, *Casa-grande & senzala*, nota 100, p.476).

o trabalho indiferenciado", em certas circunstâncias a estrutura econômica poderia exigir determinados níveis de especialização, condição da qual derivavam fundamentais redefinições no comportamento senhorial e dos cativos.[5] Era quando se valorizavam mais os escravos artesãos, que, sem deixarem de ser "ferramentas mais refinadas", passavam a merecer cuidados especiais com

> as condições requeridas para o bom desempenho de uma forma especificamente humana de trabalho: a estima, a preocupação com a fadiga excessiva, com os maus-tratos [...] A realização pelo escravo de um tipo mais complexo de trabalho criava, portanto, a possibilidade do reconhecimento social da existência humana do escravo.[6]

É portanto em meio a essa "possibilidade do reconhecimento social da existência humana do escravo" que, deduzimos, se inclui a própria viabilidade do estabelecimento de relações familiares mais estáveis entre os cativos. Ilação plausível sobretudo na medida em que a condição de especializado permitia ao cativo apropriar-se de

> técnicas culturais e sociais que ultrapassavam o limite dos mínimos de aprendizado que a socialização parcial impunha à massa dos escravos.[7]

Ora, que "técnica" cultural pode ser mais eficiente para ao menos explorar a possibilidade de ultrapassar as consequências da "socialização parcial" (derivada, para o autor, da reificação imposta pelo

---

5 Cardoso, *Capitalismo e escravidão no Brasil meridional*, p.150.

6 Ibid. Como Gilberto Freyre, o sociólogo paulista também reconhece na domesticidade uma situação especial para o escravo. Mas tal situação apenas oferecia melhores condições de vida para o cativo, regalias como a manumissão e mesmo o escape parcial aos limites estanques impostos pela socialização parcial. Contudo, por não ter por vetor original qualquer exigência dada pela estrutura econômica, ao contrário da especialização artesanal, a condição de doméstico não transformava fundamentalmente a situação do escravo (cf. p.151-2).

7 Ibid., p.151.

homem livre e introjetada pelo escravo) do que o parentesco, um dado de cultura, por definição?

Na verdade, aquilo que é implícito ao raciocínio de Fernando Henrique Cardoso está explicitado por Edward F. Frazier, autor por ele citado, em seu clássico estudo sobre a família negra nos Estados Unidos. Segundo Frazier, no âmbito de ofícios especializados ou do engajamento nas atividades domésticas, espaços "onde a assimilação das práticas ocidentais foi mais profunda e o desenvolvimento da personalidade mais acentuado", haveria não apenas melhores condições de se constituir laços parentais, mas também uma vida familiar com maior estabilidade.[8]

Estamos, pois, em condições de aferir duas posições: uma, que afirma ser a família socialmente reconhecida um privilégio dos cativos domésticos, e outra, deduzida em Cardoso, mas afirmada por Frazier, que apontaria ser esse tipo de estrutura um atributo não apenas dos escravos que viviam na casa-grande, mas, mais que isto, daqueles que desempenhassem funções especializadas – sinônimo aqui de cativos culturalmente mais integrados. Para tanto, foi construída a Tabela 5, que traça a distribuição do parentesco em geral e das relações familiares sancionadas pela norma eclesiástica de acordo com a habilitação profissional dos cativos. A escravaria foi distribuída em três grandes grupos ocupacionais (especializados, domésticos e de lavoura-pecuária), com o de "lavoura-pecuária" compondo-se de dois tipos de escravo: os nomeados pelos inventários como ocupados com a "roça", "pasto" e atividades afins, e os que, com idade entre 10 e 60 anos, não tinham sua habilidade específica assinalada. Procedendo assim, eliminaram-se, nesse grupo etário, os velhos e as crianças, que, mesmo aparentados, já estavam afastados das atividades produtivas ou nelas não se haviam inserido.

Aqui se demonstra, como era de se esperar em se tratando de escravidão rural, que em todos os intervalos os cativos do eito eram predominantes, variando entre sete ou oito em cada grupo de dez escravos (coluna 3). Contudo, também se observa que o incremento

8 Frazier, *The Negro Family in the United States*, p.41.

Tabela 5 – Distribuição parental por profissão dos escravos (1790-1830)

Atividades	*Número de casos*	%	*Número de parentes*			%	% *A*	% *B*
			cativos com profissão	%	*cativos sancionados com profissão*			
1790-1807								
Especializados	82	9,0	19	7,3	19	8,2	23,2	100
Domésticos	62	6,8	18	7,0	5	2,1	29,0	27,8
Lavoura-pecuária	770	84,2	222	85,7	209	89,7	28,8	94,1
Total	914	100	259	100	233	100	28,3	90,0
1810-1825								
Especializados	315	18,7	43	14,1	37	17,7	13,7	86,1
Domésticos	163	9,7	31	10,1	3	1,4	19,0	9,7
Lavoura-pecuária	1.205	71,6	232	75,8	169	80,9	19,3	72,9
Total	1.683	100	306	100	209	100	18,2	68,3
1826-1830								
Especializados	92	19,1	16	16,0	16	23,2	17,4	100
Domésticos	50	10,4	12	12,0	0	0,0	24,0	0,0
Lavoura-pecuária	340	70,5	72	72,0	53	76,8	21,2	73,6
Total	482	100	100	100	69	100	20,8	69,0

Especializados: Caldeireiros, mestres de açúcar, aguardenteiros, costureiras, rendeiras, alfaiates, bordadeiras, serradores, carpinteiros, pedreiros, oficiais de canteiros, oleiros, pescadores, barqueiros, canoeiros, cocheiros, carreiros, carregadores, tropeiros, quitandeiras, ao ganho, cabeleireiros, seringueiros, lapidadores, polidores, marinheiros, capitães do mato, cantadores, padeiros, barraqueiros, coveiros, correeiros e caieiros. Domésticos: mucamas, pajens, amas de leite, cozinheiros, arrumadeiras, engomadeiras e lavadeiras.

A: Número de parentes cativos com profissão em relação ao número de casos (%).

B: Número de parentes cativos sancionados com profissão em relação ao número de parentes cativos com profissão (%).

Fonte: Arquivo Nacional, "Inventários *post-mortem* (1790-1830)".

dos desembarques de escravos implicou simultaneamente uma maior diversificação ocupacional entre os cativos, sem que se comprometesse o amplo predomínio dos escravos do eito. Assim, se durante o intervalo 1790-1807, 85% dos escravos se ocupavam das mais rudes tarefas rurais, durante os dois intervalos seguintes essa cifra tenderia a baixar para 70%. Movimento oposto conheceriam os escravos dedicados às tarefas especializadas, que iriam dobrar a sua participação no escopo ocupacional (de 9% para 19%), com os domésticos crescendo menos (de 7% para 10%).

A *frequência do parentesco por profissão acompanhou essa tendência geral:* em qualquer intervalo, ela se concentrou entre os cativos do eito, em meio aos quais variou de 85% a 70% (coluna 5). Tal como em relação à distribuição ocupacional em geral, também aqui se constatou que a aceleração do tráfico redundou numa pequena queda dos parentes do eito, na duplicação da participação relativa dos parentes dedicados às tarefas especializadas e num crescimento um pouco menor dos domésticos aparentados.

O fato de que o parentesco de primeiro grau tenha variado, no interior de cada grupo ocupacional, exatamente de acordo com a participação de cada um desses grupos na estrutura ocupacional em geral é significativo. Ele indica que o *estabelecimento de laços parentais sancionados ou não pela norma não era um atributo do tipo de ocupação desempenhado pelo cativo.*

Todavia, considerando-se o perfil ocupacional apenas dos parentes sancionados pela norma (casais casados pela Igreja e filhos legítimos), viu-se que, embora no geral as flutuações desse perfil tendessem a atingir seu menor patamar quando da maior demanda por braços, em todas as conjunturas foi altíssimo o número de parentes legalmente reconhecidos entre os cativos especializados. Tal dado vem confirmar que a especialização ocupacional e o parentesco dentro da norma são sempre, e apenas, faces da mesma moeda da aculturação. Inócuo é, pois, tentar encontrar, na relação entre ambos, uma *causa causans.*

Um exemplo pode ilustrar essa organicidade entre especialização e parentesco normatizado. Trata-se do caso de Ana Maria de Jesus, moradora da freguesia do Irajá e proprietária de dois grandes engenhos de açúcar, cujo inventário foi aberto em 1795. Oitenta e cinco de seus 225 escravos estavam unidos por relações familiares, formando 33 famílias, das quais vinte (60,6%) eram do tipo nuclear, dez (30,3%) eram matrifocais, duas (6,1%) eram extensas e apenas uma (3%) era patrifocal. Doze cativos eram donos de parcelas de terras que exploravam em seu próprio benefício – a chamada "brecha camponesa". Eram pessoas altamente qualificadas, havendo entre elas apenas dois que trabalhavam diretamente na lavoura, além de uma escrava doméstica (a parda Ana Maria, de 40 anos). Estaríamos diante de uma situação na qual a qualificação profissional se constituía em precondição para o acesso à terra? Pode ser. Mas, na certa, o parentesco (em especial o forjado na norma) não era menos importante: dos doze cativos que receberam terras, oito eram membros de famílias, das quais seis eram nucleares, uma era matrifocal e outra extensa. Todas essas famílias estavam juntas havia muitos anos, e a extensa era encabeçada pelo caldeireiro Tomás, casado havia trinta com Josefa Baca. Nenhuma delas foi separada quando da morte de dona Ana Maria de Jesus.[9]

Mas não deixa de surpreender que a Tabela 5 demonstre que os índices de socialização familiar sancionados variavam de maneira inversamente proporcional aos movimentos do tráfico, contrariando de maneira frontal as teses de Gilberto Freyre, já que o parentesco sancionado deixa de ser caudatário de uma maior aproximação ao ambiente da família senhorial. Pelo contrário, quanto maior essa aproximação, menores os índices de legitimidade. Uma possível explicação para tal fenômeno poderia estar no caráter de eixo miscigenador da casa-grande. Outra, apoiada, como se verá, na relação inversamente proporcional entre tráfico e sanção legal, alçaria a casa-grande à condição de núcleo de integração parental extraétnica dos africanos, a qual se dava primordialmente fora da norma em momentos de maiores desembarques de cativos.[10]

---

9 Arquivo Nacional, "Inventário de Ana Maria de Jesus, 1795". Somos gratos a Alessandra Silveira pelo levantamento das informações relativas a esse inventário.

10 Ver, na Parte 3, o capítulo "Das práticas que instauravam a família pacificadora".

6

Da estabilidade das famílias escravas

A família enleva, pacifica, protege e organiza. Seria ela não mais do que uma efêmera circunstância da condição escrava? De fato, pouco adianta descobrir que o parentesco se traduz no aparecimento de esposas, maridos, filhos, irmãos, avós, netos, tios, sobrinhos e primos, se essas relações não passarem de instantes fugidios e frágeis, presas fáceis do mercado que, onipresente, aparta. Nesse caso, a instabilidade dos arranjos familiares implicaria a inviabilização da reiteração temporal do *locus* responsável por boa parte da efetiva socialização e simbolização cotidianas dos escravos. Comprometer-se-ia, em última instância, a própria possibilidade de transmissão generacional de padrões culturais e bens simbólicos em geral – isto é, do meio essencial para a constituição da identidade social.

Herbert Gutman propôs um modelo geral, segundo o qual a estabilidade da família escrava seria caudatária do ciclo de vida dos senhores. Na juventude destes, quando se montariam as novas empresas, as compras agregariam a escravaria, que, de imediato, buscaria a socialização parental. Em um segundo momento, à maturidade biológica e empresarial dos proprietários corresponderia o auge dessa socialização. Quando, porém, a inevitável morte ceifasse os senhores, as famílias cativas conheceriam sua pior fase, desintegrando-se em doações e herdades, ou ainda pulverizando-se no mercado.[1]

A fragilidade das fontes brasileiras não permite aferir por completo até que ponto o modelo proposto por Gutman pode ser generalizado para os escravos do agro fluminense. Por exemplo, não foi possível ter acesso, como ele, a documentos privados de grandes plantadores. Mesmo nossas fontes comerciais são muito esparsas, já que aqui os registros de compra e venda de escravos somente se tornaram comuns a partir da década de 1860, quando se criaram livros próprios para esse fim. O trabalho com as partilhas de cativos nos inventários *post-mortem*, contudo, trouxe-nos às mãos 138 grupos familiares cativos que, congregando 377 parentes, forneceram importantes indicações acerca dos destinos das famílias escravas quando da morte dos seus senhores.[2]

Três entre cada quatro famílias escravas certamente permaneciam unidas após a partilha entre os herdeiros, cifra que aumenta para quatro em cada grupo de cinco considerando-se apenas as famílias cujos destinos eram dados a conhecer pela fonte.[3] A maior parte dos parentes ultrapassava incólume, pois, essa delicada etapa da vida escrava, continuando juntos e, desse modo, preservando o lugar social da criação, recriação e transmissão dos valores escravos, e seu espaço maior de solidariedade e proteção. Essas cifras não devem, todavia, fazer-nos pensar que o fim da vida de um senhor brasileiro não punha à prova a família cativa. Era quando variadas vicissitudes poderiam implicar a separação de alguns dos seus membros ou mesmo o seu esfacelamento. A conjuntura em que se efetuava a partilha, por exemplo, era um elemento importante para a definição dos destinos de expressivas parcelas de famílias cativas, estando estas mais sujeitas à fragmentação durante as fases de expansão da economia, e menos quando de fases B ou de

1 Gutman, *The Black Family in Slavery and Freedom, 1750-1925*, p.138 ss.

2 Conseguimos dados acerca de partilhas de escravos entre os herdeiros apenas para os anos de 1790, 1791, 1792, 1795, 1796 e 1797 da fase B do tráfico atlântico; para os anos de 1810, 1811, 1812, 1815, 1816 e 1817 da fase A, e para os anos de 1832, 1834 e 1835 da crise da oferta de africanos. Esses dados foram levantados por Alessandra Silveira.

3 Cf. Apêndice 6.

crise da oferta africana.[4] Mais que isto, sem atrelá-la às flutuações do tráfico negreiro, a estabilidade familiar era menor no âmbito dos pequenos plantéis, com seus proprietários sempre premidos por dívidas – o principal mecanismo de reprodução das empresas –, em geral saldadas pelos futuros herdeiros através da venda do espólio em leilão (ver Gráfico 9). Mas, por importantes que fossem vicissitudes como esta, na base da maior preservação dos grupos familiares nos casos de partilha outra vez encontramos o papel pacificador e organizador do parentesco se expressando exatamente onde ele era mais necessário – isto é, nos grandes plantéis, os espaços em que se potencializava o estado de guerra de todos contra todos.

Gráfico 9 – Variação dos destinos das famílias escravas no ato da partilha entre os herdeiros, por faixas de tamanho de plantel (1790-1835)

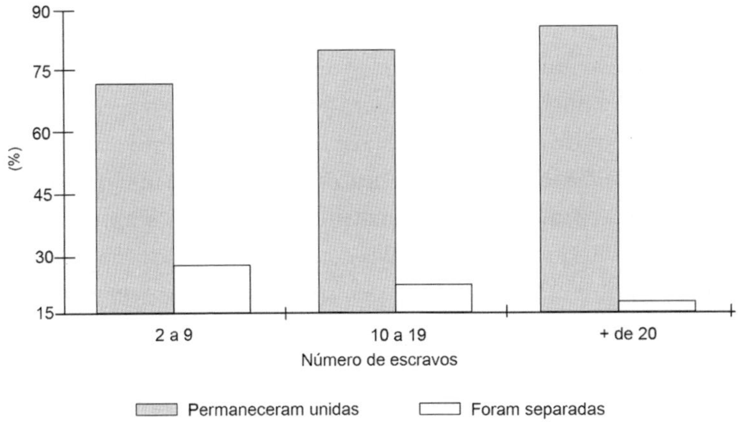

Fonte: Apêndice 7.

Cabe, entretanto, indagar se a estabilidade detectada no ato da partilha seria um atributo dos crioulos, os cativos em tese mais familiarizados com os códigos da cultura escravista inclusiva. Na busca de uma resposta possível, dividiram-se as famílias cativas segundo a naturalidade do cabeça do casal (ou seja, a naturalidade do homem, se

4 Cf. Apêndice 7.

se tratasse de famílias nucleares, ou a do pai ou mãe que viviam com seus filhos sem a presença do cônjuge). As tendências esboçadas respondem negativamente a essa indagação e demonstram que, de acordo com a naturalidade, as famílias escravas costumavam se manter unidas, *em especial quando fossem africanas*. Assim, durante a fase B do tráfico, enquanto cerca de 75% das famílias encabeçadas por crioulos mantinham-se unidas após as partilhas entre os herdeiros, para as famílias encabeçadas por africanos tal percentual chegava a quase 90%. Com o incremento do tráfico, esses índices passaram, respectivamente, para 40% e 75%.[5]

De novo, testemunha-se não apenas a reiteração temporal dos arranjos familiares, mas também a sua manutenção, em particular onde eles eram mais necessários – entre os estrangeiros que, pouco a pouco, se organizavam através do parentesco e, desse modo, minoravam a possibilidade do conflito generalizado.

Seria a permanência da família cativa caudatária de formas específicas de estruturação familiar? Atendo-nos somente às famílias matrifocais e nucleares (pois é muito pequena a amostragem relativa a outros tipos de arranjos), a resposta é até certo ponto afirmativa.[6] Em torno de 75% das famílias nucleares permaneciam integrais depois da partilha, cifra que, para as matrifocais, chegava a aproximados 60%. Já se viu que, em função das condições de produção da fonte, nuclearidade e matrifocalidade são, aqui, sinônimos respectivos de vida familiar legalmente sancionada e de arranjos consensuais. Nesse aspecto, a conclusão natural é a de que, falando em sentido global, a sanção legal-religiosa protegia mais os parentes escravos – embora, não importando o tipo de arranjo parental, fosse sempre maior a tendência à não pulverização familiar quando da morte dos senhores. Outra vez, porém, vê-se que essa tendência geral se dobrava às conjunturas. Já se observou que, nas fases B do tráfico, a socialização familiar cativa se realizava, em sua maioria, dentro da norma, o que ensejava o aumento da frequência de famílias nucleares legalmente

5 Cf. Apêndice 8.
6 Cf. Apêndice 9.

constituídas. Nas fases A, pelo contrário, a urgência de socializar-se se expressava quase sempre através de arranjos consensuais – o que era registrado pela fonte por meio das famílias matrifocais. O Gráfico 10 mostra que os movimentos das separações dos diversos tipos de família obedeciam às mesmas tendências, aumentando na fase A, diminuindo na fase B e durante a crise da oferta africana, quando a permanência familiar significava a possibilidade de se atingir maiores níveis de reprodução natural.

Gráfico 10 – Variação dos graus da permanência de famílias escravas no ato da partilha entre os herdeiros, por tipos de família e conjunturas (1790-1835)

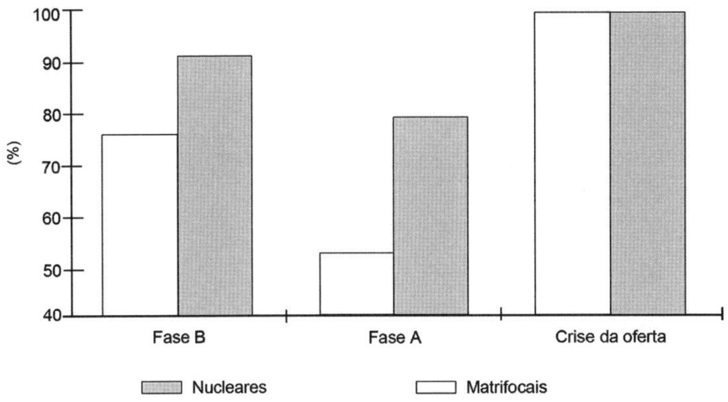

Fonte: Apêndice 9.

É importante lembrar que por nucleares estamos designando aqui as famílias compostas apenas pelos cônjuges ou por eles e seus filhos. Faz-se necessário, pois, determinar se havia alguma diferença nos graus de permanência das famílias nucleares segundo estarem elas montadas somente em alianças matrimoniais ou incluírem laços de filiação consanguínea através da existência de filhos.

O Gráfico 11 indica ser praticamente invariável o nível de permanência das famílias que possuíam prole. Quanto às que eram formadas apenas pelos cônjuges (a rigor, casais que já não tinham filhos ou que ainda não os haviam gerado), a situação é distinta, revelando-se serem estas mais sensíveis à destruição nos momentos em que o mercado mais exigia braços. A conclusão é que, de fato, a presença de filhos se constituía em fator agregador das famílias escravas, com a consanguinidade dando maior estabilidade aos grupos parentais. Ainda assim, é curioso notar não ter sido o peso da consanguinidade um fator determinante para as formas de separação das poucas (apenas cinco) famílias nucleares com prole que conheceram esse destino. Poder-se-ia esperar, por exemplo, que mães e filhos fossem preservados, com a separação dos pais. Contudo, em dois casos houve um esfacelamento geral, com todos os membros do núcleo familiar sendo redistribuídos entre diferentes herdeiros, sem que qualquer laço de parentesco fosse preservado. Nos três outros, somente as proles foram herdadas por distintos senhores, permanecendo os três casais unidos nas mãos de novos proprietários.

Gráfico 11 – Variação dos graus da permanência de famílias escravas nucleares (com ou sem filhos) no ato da partilha entre os herdeiros, por conjunturas (1790-1830)

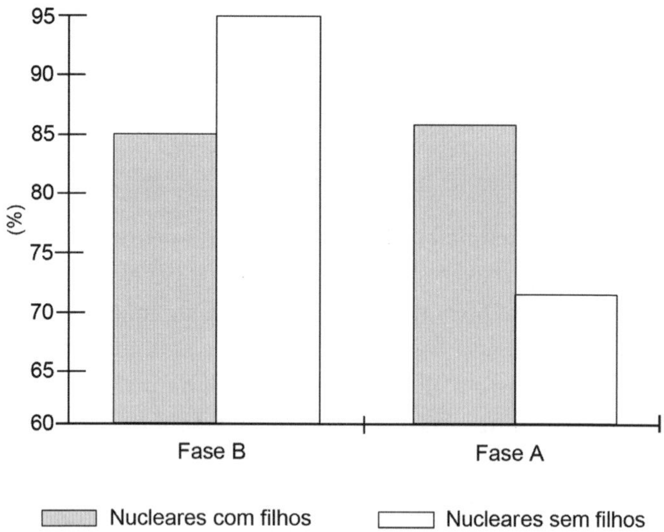

Fonte: Apêndice 10.

Cabe, agora, proceder a um resumo do que já foi demonstrado. A família escrava enfrentava com sucesso a morte do seu senhor, sobretudo quando inserida em um grande plantel, e constituída por cônjuges e filhos legalmente reconhecidos. Sua chance de permanecer unida após a partilha dos bens era ainda maior em se tratando ou de uma fase B do tráfico ou de um momento de crise da oferta africana de braços. Nessas condições ideais, cerca de 90% das famílias continuavam juntas. Na pior das hipóteses (por exemplo, uma família matrifocal, inserida em um pequeno plantel durante uma fase A), um arranjo familiar cativo possuía um mínimo de 50% de chances de se manter unido.

Resta tentar captar a tradução, em anos de permanência, da força da família escrava. Buscou-se dar conta dessa duração a partir da idade dos filhos mais velhos que aparecem nos inventários *post-mortem*.[7] Trata-se de um procedimento que, na impossibilidade de se trabalhar com registros de matrimônios – como Gutman o fez para os Estados Unidos –, é sujeito a desvios diversos, além de resultar em parcas amostragens para determinados intervalos. Ressalte-se, portanto, seu aspecto meramente aproximativo, do qual se devem capturar em especial as tendências esboçadas.

No que diz respeito à duração das famílias com mães muito jovens (entre 15 e 20 anos de idade), observou-se que, durante a fase B, três em cada quatro delas estavam unidas havia menos de quatro anos, cifra que chega a 100% em fases A e nos instantes de crise da oferta. Esse resultado é mais do que esperado, visto a idade média do início da procriação feminina situar-se ao redor dos 20-21 anos. Na verdade, chega a ser surpreendente que um quarto das famílias desse tipo estivessem de cinco a nove anos juntas durante o intervalo 1790-1807, o que vem

7 Cf. os resultados nos apêndices 11, 12 e 13. Trabalhando com fontes qualitativas, Hebe Castro resgata alguns exemplos de como a organização social da escravaria dependia de relações familiares estáveis. Assim, por exemplo, a obtenção de maiores níveis de autonomia cotidiana (o acesso a senzalas individuais e a parcelas de terra cultivadas em benefício do cativo) e mesmo a possibilidade de ser alforriado dependiam em grande medida da existência de relações parentais. Cf. da autora o seu *Das cores do silêncio*, p.72-6, 142-67, 191 ss.

reiterar a ideia de uma maior estabilidade dos arranjos familiares em momentos de desaquecimento relativo do mercado de cativos.

Para as famílias com mães ainda jovens (entre 20 e 29 anos de idade), o padrão foi praticamente o mesmo em todas as conjunturas do tráfico: três quartos estavam unidas havia menos de quatro anos, e um quarto havia mais de cinco e menos de nove anos. Com relação aos arranjos constituídos por mães maduras (de 30 a 39 anos de idade), todas as fases do mercado de braços encontraram perfis que tendiam a se repetir: 60% durando menos de quatro anos; 30%, de cinco a nove anos; e 10%, de dez a dezenove anos. Surpreende aqui que, em etapas nas quais, em tese, poderiam estar juntas havia quase dez anos (o primeiro caso) ou vinte (o segundo), a maior parte das famílias escravas conhecesse um tão curto período de permanência – menos de quatro anos. Uma explicação plausível pode ser encontrada nas distorções geradas pela utilização de inventários *post-mortem* para os cálculos. A mais importante deriva de ter-se optado por medir a duração das famílias através da idade dos filhos mais velhos, procedimento que não considera a alta mortalidade infantil. Apenas para que se tenha uma ideia dos desvios a que essa metodologia de trabalho imposta possa ter levado, relembremos o já citado caso de Campinas (SP), onde Slenes calcula que, em 1872, metade dos primeiros filhos sobreviventes registrados em inventários não seriam primogênitos, e que as uniões entre os pais devem ter ocorrido de três a seis anos antes dos nascimentos desses filhos sobreviventes.[8] Levando-se em conta essas observações, é possível que, para o agro fluminense, um perfil mais próximo da realidade mostrasse metade das famílias com pais ou mães entre 20 e 29 anos de idade unida havia menos de quatro anos, com a outra metade reunida havia mais de cinco e menos de nove anos. Quanto às famílias mais maduras, de pais entre 30 e 39 anos, pode-se sugerir que um terço estivesse junto havia menos de quatro anos; um terço, entre cinco e nove anos; e que o terço restante conhecesse de dez a dezenove anos de união.

8 Cf. Slenes, "Escravidão e família", *Estudos Econômicos*, n.17, v.2, p.220, 1987.

É para os casos das famílias de mães com idade acima de 40 anos que a riqueza e os limites dos inventários melhor se expressam. Através do Gráfico 12 vemos que, em fases B, praticamente a metade dessas famílias estava unida havia mais de vinte anos – um quadro razoavelmente congruente se for considerado que a alta mortalidade infantil distorce (para baixo) a duração das famílias formadas havia menos de vinte anos, mas não necessariamente as mais antigas, já que para estas não se estabeleceu um limite superior para a idade dos filhos maiores de 20 anos. Assim, pode ser que, dentre as famílias unidas havia menos de vinte anos, um terço o estivesse entre dez e dezenove anos, 15% havia menos de nove e 5% havia menos de quatro.

Gráfico 12 – Duração (em anos) das famílias constituídas por mães (casadas, solteiras ou viúvas), ou por pais (solteiros ou viúvos) de mais de 40 anos de idade, de acordo com a conjuntura (1790-1830)

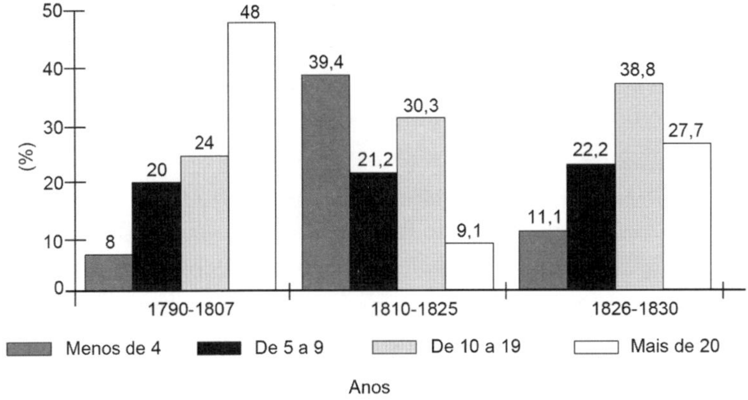

Fonte: Apêndices 11, 12 e 13.

Ao que parece, a prova de fogo para a estabilidade das famílias muito antigas ocorria durante as fases de aquecimento do mercado de almas. Era quando, supomos, a força da demanda se expressava através da contínua separação de filhos que, tendo sobrevivido, atingiam a etapa economicamente produtiva – isto é, daqueles que têm sido aqui utilizados para medir a duração familiar. Isso faz que o Gráfico 12 expresse em maior grau o movimento de separação dos filhos mais velhos do que o da verdadeira duração das famílias de mães menopáusicas ou prestes a sê-lo. Esse fato, aliado à não rara enorme amplitude entre as idades dos filhos mais velhos e as dos mais novos de mulheres acima de 40 anos, explicaria por que, para o intervalo 1810-1825, à acentuada queda de duração das famílias unidas havia mais de vinte anos, corresponde o aumento dos tempos de duração das famílias unidas havia menos de dezenove anos. A mesma argumentação pode ajudar a redefinir os movimentos detectados na fase de crise da oferta de braços, quando a maior demanda por mulheres sexualmente férteis teria continuamente separado as filhas que iam atingindo os 14-15 anos de idade. Em síntese, é possível que, nas fases A e de crise da oferta, se reiterassem os mesmos padrões de durabilidade observados na fase B, que agora conheceriam uma frequência maior de separação de filhos mais velhos (em função da valorização de suas capacidades produtivas ou reprodutivas). Nessas etapas, pois, a família tendia a ser formada por pais unidos havia longo tempo e por seus menores ou impúberes.

Por tudo que se tem detectado, conclui-se ser a família escrava uma instituição estável, que vencia de maneira bem razoável o problema da alta mortalidade de seus membros, em especial a dos infantes, e conseguia perpetuar-se em todas as conjunturas do mercado. Na verdade, quanto mais ela lograva enfrentar com êxito essas etapas, mais se solidificava enquanto instituição. Isto, aliado ao fato de que a maioria das famílias conseguia superar a fase crítica da morte do senhor, nos permitiu esboçar alguns dos traços bastante significativos do processo mais amplo em meio ao qual se reproduziam os arranjos familiares cativos.

Para tanto, lembremos que o que tem sido aqui designado como comunidade escrava apoiava-se fortemente no parentesco, e não se restringia aos limites jurídicos e espaciais dos plantéis – o que pode ser provado pela grande presença de padrinhos e madrinhas oriundos de plantéis distintos daqueles dos batizandos, e insinuado pelos altos índices de ilegitimidade da escravaria. Era, entretanto, no interior dos plantéis que a comunidade cativa encontrava sua expressão maior. A tal conclusão se chega quando se atenta em especial para a extensão dos plantéis de escravos brasileiros, enormes em função do alto grau de concentração da propriedade escrava em poucos estabelecimentos rurais. Ora, em tal contexto, *aos sucessivos falecimentos de senhores corresponderia a permanência da maioria das famílias e a desestruturação, ainda que parcial, da comunidade escrava.* Do que deriva que, se para a constituição da comunidade escrava os arranjos familiares eram fundamentais, pois serviam como principal parâmetro de pacificação, solidariedade e ajuda mútua, do mesmo modo o eram para a sua permanente reconstituição após a partilha.

PARTE 3

7

Das práticas que instauravam a família pacificadora

Cabe agora perguntar: através de que tipos específicos de práticas culturais relativas à família se expressava a instauração da paz entre os escravos? Há condições de se indicar alguns dentre os muitos que, na certa, existiram. O primeiro deles é o mais difícil de comprovar: o incremento dos nascimentos.

Embora os inventários não sejam conclusivos a esse respeito, fornecem indicações de que é possível pensá-lo como uma hipótese aceitável. Lembremos, de início, que ser uma criança escrava era, no fundamental, sinônimo de haver nascido no Brasil. O Gráfico 13 o prova, ao oferecer indicações acerca do perfil etário e sexual dos africanos negociados no mercado do Valongo, na cidade do Rio de Janeiro, na primeira metade do século XIX. Trata-se, basicamente, de escravos que apenas chegavam ao Brasil.

Três entre cada quatro recém-desembarcados eram homens, quatro em cada cinco eram adultos (de 15 a 40 anos de idade) e, dentre estes, havia 3,4 negros para cada mulher negra. Era pequena a porcentagem de escravos com menos de 10 anos de idade (4,1%), resultado equivalente àquele encontrado por Herbert Klein ao estudar o tráfico dos portos de Luanda e Benguela para o Rio de Janeiro, na segunda metade do século XVIII. De acordo com esse autor, o número de "crias em pé" e o de "crias de peito", considerados como os infantes menores de 10 anos, chegava a 5,2% do total dos cativos nos negreiros.[1] Por outro lado, eram cerca de 16% os importados entre 10 e 14 anos, o que fazia que, no máximo, apenas um em cada cinco dos poucos escravos africanos que chamamos infantes (de 0 a 14 anos) pudessem ter sido diretamente trazidos da África. No fundamental, pois, pode-se afirmar que a constituição da filiação consanguínea entre escravos era um fenômeno engendrado no Brasil. Uma exceção confirma essa regra em nossa amostragem: o caso da escrava Catarina Benguela, de 23 anos, cujo filho, Manuel, de 4, também era da mesma etnia.[2]

Gráfico 13 – Distribuição, por grandes grupos etários e de sexo, dos escravos africanos exportados por terra e mar a partir do mercado do Valongo, na cidade do Rio de Janeiro (1822-1833)

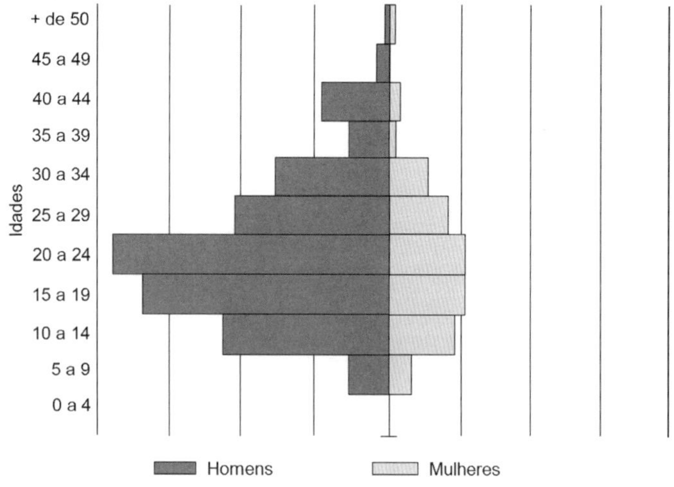

Fonte: Apêndice 2.

1 Klein, "The Internal Slave Trade in 19th-Century Brazil", in: *The Middle Passage*, p.254-6, 1978.

2 Cf. Arquivo Nacional, "Inventário *post-mortem* de Manuel Pereira dos Santos, 1797", caixa 1.126, n.9.293. Cf. diversos casos de parentes consanguíneos africanos na cidade de Salvador (1750-1890), coligidos em testamentos de libertos por Maria Inês Oliveira, "Viver e morrer no meio dos seus (nações e comunidades africanas na Bahia do século XIX)", *Revista USP*, v.28, p.174-93, 1995-1996.

Os jovens de idade inferior a 14 anos, assinalados pelos inventários, variavam, *grosso modo*, entre um quarto e um terço da escravaria dos pequenos e grandes plantéis. Foram desejados?

É recorrente a opinião de que muitos escravos, submetidos às cruéis agruras do cativeiro, reagiram recusando-se a procriar. Isto explicaria ao menos uma parcela das dificuldades dessa população em repor-se no tempo, sem o auxílio do tráfico. O aborto e o *coitus interruptus* somar-se-iam a uma variada gama de atitudes cujo sentido último seria dado pela disposição de resistir à escravidão.[3] Há, em relatos de viajantes, alusões diretas a práticas abortivas. Walsh, por exemplo, imputava às negras minas uma especial tendência a tal, embora se possa justificadamente suspeitar dos conhecimentos do sisudo reverendo sobre os minas ou assunto tão resguardado.[4] Quanto à interrupção da relação sexual ante a expectativa da ejaculação, é evidente não ser isto mais que mera suposição derivada de uma certa apreciação do caráter violento da escravidão e da disposição dos escravos em encarnarem um rotundo *não* à exploração escravista.

No entanto, cremos ser legítimo pensar, como alternativa, que os escravos se casassem ou se amancebassem para gerar filhos. A análise das fontes possibilitou entrever determinadas estruturas que parecem dizer de uma certa urgência da procriação cativa. O primeiro indício: a escrava paria culturalmente cedo, se comparada à mulher livre da Colônia.

Infelizmente, ainda pouco se sabe dos hábitos matrimoniais no passado brasileiro. Bassanezi apresentou, em recente trabalho, algumas considerações com que busca sistematizar o que nossos estudiosos demógrafos têm demonstrado a respeito.[5] As pesquisas vêm indicando ser alto o número de coloniais celibatários, em decorrência das características de nosso mercado matrimonial, altamente segmentado segundo condições socioeconômicas (cor, etnia e origem nacional) e

3 Mattoso, *Ser escravo no Brasil*, p.127.

4 Walsh, *Notícias do Brasil*, p.162.

5 Bassanezi, "Considerações sobre os estudos do celibato e da idade de casar no passado brasileiro", in: *Anais do IX Encontro de Estudos Populacionais*, v.1, p.381-96, 1994.

exposto à grande mobilidade da população. No que se refere à idade de casar, os historiadores e demógrafos interessados no assunto, por via de regra, desconfiam da veracidade da menina freyriana, tornada idosa precocemente, ocupada com os filhos, mas atenta às bonecas da infância atropelada.[6] No entanto, as incursões da demografia ao século XVIII e à primeira metade do seguinte são variadas. Há o rigoroso estudo de Sheila Faria, por exemplo, sobre o Norte fluminense, no qual se verificou que as meninas da elite costumavam casar-se por volta dos 16 anos (no caso das mulheres forras, elas se casariam em torno dos 19).[7] Mas esta foi a idade mais precoce de todas quanto às assinaladas nos estudos consultados por Bassanezi. As outras tenderam a se situar entre os 19 e os 20, embora haja trabalhos que encontraram idades próximas aos 17, 18, 22 e 24 anos. Casar-se entre os 19 e os 20 anos e, em geral, parir logo depois, no entanto, era fundar uma família muito cedo, se comparado com as mulheres livres do Ocidente moderno europeu, que constituíam famílias aos 25 anos, aproximadamente.[8]

Os inventários *post-mortem* não permitem aferir com precisão a idade em que as escravas se casavam. Contudo, precoce era a maternidade e, pois, já bem cedo promovia-se a montagem de uma família cativa, não importando se sancionada ou não pela norma eclesiástica. Os inventários indicam que as escravas de idade inferior a 29 anos começavam a conceber por volta dos 20 se houvessem aqui nascido, e pelos 22, se trazidas da África. A fonte o assinala pela idade do filho mais velho, e isto acontecia em todas as fases do tráfico atlântico. Esta era a maior idade possível: se cruzássemos esses dados com os provenientes de registros de batismos chegaríamos a um número um pouco menor – e mais próximo da realidade –, posto que os inventários capturam somente os filhos que permaneceram vivos e junto às

---

6 Bassanezi diria de maneira mais rigorosa: "as idades femininas não se mostram tão precoces quanto se imagina em um primeiro momento e quanto permite a legislação canônica e civil do período" (cf. op. cit., p.389).

7 Faria, *A Colônia em movimento*.

8 Cf. Gutman, *The Black Family in Slavery and Freedom, 1750-1925*, p.50 ss; e Marcílio, "Sistemas demográficos no Brasil do século XIX", in: Marcílio (Org.), *População e sociedade*, p.195.

suas mães. Buscando contornar problema semelhante para outro tipo de fonte, Robert Slenes, em estudo relativo às famílias escravas de Campinas, em 1872, calcula que apenas 50% dos primeiros rebentos de cativos registrados na matrícula daquele ano seriam primogênitos. Assim, dependendo da taxa de mortalidade assumida, os pais desses filhos ter-se-iam casado de três a seis anos antes de seus nascimentos.[9]

Pode-se postular que as escravas do agro fluminense começassem a parir entre 14 e 17 anos de idade se crioulas fossem.[10] Para as nascidas na África, o problema é mais complicado. É certo que apenas uma entre cada quatro delas chegava ao Brasil antes dos 15 anos, mas também o é que 85% das africanas desembarcavam no porto carioca com idades flutuantes entre 5 e 29 anos (metade com 19 anos ou menos).[11] Ou seja: ao desembarcarem no Brasil, ainda eram portadoras da maior parte de suas potencialidades genésicas. Eis por que acreditamos, também para elas, ser viável aceitar as indicações de Slenes – além da alta ilegitimidade e, logo se verá, da prática de parir antes de oficialmente casar –, e redefinir os 22 anos de idade antes encontrados para algum ponto entre os 16 e os 19 anos.

Se nos ativermos aos limites máximos (19 anos para as vindas da África e 17 para as nascidas no Brasil), será possível concluir que africanas e crioulas começavam a parir, respectivamente, seis e oito anos antes da mulher inglesa dos séculos XVII e XVIII; sete e dez antes da francesa do século XVIII; quatro e seis antes da mulher branca

9 Slenes, "Escravidão e família: padrões de casamento e estabilidade familiar numa comunidade escrava (Campinas, século XIX)", *Estudos Econômicos*, v.17, n.2, p.220, 1987.

10 Gutman, ao estudar o início do período reprodutivo da mulher escrava norte-americana no século XIX a partir de documentos mais pertinentes, chegou a cerca de 20 anos de idade para o início da procriação das cativas do velho Sul, embora não levasse em consideração as diferentes naturalidades delas (cf. Gutman, *The Black Family in Slavery and Freedom, 1750-1925*, p.50 ss). Por outro lado, os inventários de escravos dos jesuítas de três jurisdições de Tucumán (Argentina), na segunda metade do século XVIII, revelam que as mulheres cativas (crioulas, em sua maioria) pariam pela primeira vez por volta dos 15,5 anos (cf. Andrés-Gallego, "Esclavos de temporalidades (El Tucumán, 1768)", *Hispania Sacra*, v.XLVIII, n.97, p.231-60, 1996).

11 Cf. Apêndice 2.

norte-americana de meados do Oitocentos; e um e três anos antes da própria escrava do velho Sul dos Estados Unidos.[12] Africanas e crioulas pariam, respectivamente, um e três anos antes da mulher livre colonial brasileira, se aceitarmos que esta concebia pela primeira vez por volta dos 20 anos.[13] Pariam mais cedo e em condições muito mais adversas, é evidente. Observe-se ainda que nossas cifras indicam um forte paralelismo entre os padrões de procriação inicial das escravas do agro fluminense e aqueles vigentes na África tradicional, onde, ao contrário do que ocorria na Europa moderna, a mulher casava e paria logo após a puberdade – algo ao redor dos 15 anos de idade.[14] Assim, por maior que fosse a incidência dessa precocidade entre os livres que viviam no Brasil, é lógica e historicamente razoável supor que a sua reiteração entre os escravos era caudatária, em muito, da transposição e posterior adequação de um padrão cultural de base africana.

Os mesmos inventários *post-mortem* indicam que as cativas do agro fluminense concebiam a intervalos regulares de cerca de três anos (seis meses a mais se africanas fossem). Trata-se de um intervalo genésico *máximo*, em função, repitamo-lo, da incapacidade da fonte de capturar os filhos que por acaso tenham nascido e morrido no intervalo entre dois nascimentos de outros que continuaram vivos. Observe-se, contudo, que embora o período intergenésico médio real devesse ser menor do que três anos – dois anos, talvez –, é sintomático que as africanas concebessem a intervalos maiores que as crioulas. Isto indica a permanência (quiçá redefinida para menos no Brasil) de mais um padrão próprio da África, onde o prolongamento do período de lactação poderia adiar por até três ou quatro anos uma nova concepção.[15] Assim,

---

12 Gutman, *The Black Family in Slavery and Freedom, 1750-1925*, p.50.

13 Se adotarmos os limites mínimos da primeira concepção das cativas (16 anos para as africanas e 14 para as crioulas), estas pariram, respectivamente, nove e onze anos antes da inglesa, dez e treze antes da francesa, sete e nove antes da livre norte-americana, quatro e seis antes da cativa do Sul dos Estados Unidos, e quatro e seis anos antes da brasileira livre.

14 Manning, *Slavery and African Life*, p.55; e Eltis, *Economic Growth and the Ending of the Transatlantic Slave Trade*, p.65.

15 Manning, loc. cit.; Eltis, loc. cit.; cf. também Jannuzzi, "Fecundidade atual na Nigéria", *Estudos Afro-Asiáticos*, n.27, p.187-202, 1995, em que se mostra

aceitando-se que Klein e Engerman estejam corretos, ao contrário das cativas dos Estados Unidos, mas à semelhança das caribenhas, as escravas do agro fluminense (inclusive as crioulas, embora em menor grau) podem ter permanecido presas a esse tradicional padrão africano, o que em tese traria negativas consequências para a fecundidade geral.[16]

Estamos, pois, diante de indicações aparentemente contraditórias: da tenra idade em que se iniciava o período reprodutivo pode-se deduzir a busca, o mais precoce possível, de procriar, hipótese logo contrabalançada pela existência de longos períodos intergenésicos. Nesse contexto, uma possível urgência sociológica pela procriação somente poderia se expressar se o grande intervalo entre os nascimentos fosse compensado pelo fato de as escravas parirem até muito tarde, isto é, praticamente tangenciando o limite superior de sua capacidade biológica de procriar. A Tabela 6 ajuda a compreender o caminho trilhado pelas cativas férteis do meio rural do Rio de Janeiro.

Tabela 6 – Variação das idades médias da última procriação das escravas (1790-1830)

	1790-1807	*1810-1825*	*1826-1830*
Número de casos	21	34	16
Média de idade	34	38	39
Média de idade no limite superior	40	44	45
Média de idade no limite inferior	37	41	42

Obs.: Adotou-se como critério para estabelecer a idade final da última concepção a idade do filho mais novo de mães de idade igual ou superior a 40 anos; para estabelecer os limites superior e inferior, acrescentaram-se aos dados dos inventários, respectivamente, mais seis e três anos.
Fonte: Arquivo Nacional, "Inventários *post-mortem* (1790-1830)".

que, nas áreas rurais tradicionais da Nigéria, a intervalação genésica é, ainda hoje em dia, de quatro anos em média.

16 Klein; Engerman, "A demografia dos escravos americanos", in: Marcílio (Org.), *População e sociedade*, p.208-27.

Esclareçamos, antes, que crioulas e africanas conheciam igual movimento, pelo que se optou por mostrar apenas as tendências globais. Em segundo lugar, também essa tabela expressa a fragilidade das fontes, que não capturam os últimos filhos que por acaso tenham falecido. Pelas mesmas razões que levaram a diminuir de três a seis anos quando se tentava ter uma ideia do início da procriação, serão agora acrescentados de três a seis anos às idades das mães, para se obter um quadro mais fiel de quando elas de fato pararam de parir. Daí a inserção, na Tabela 6, além dos resultados obtidos diretamente dos inventários, de duas outras variáveis, que expressam os limites mínimo e máximo da concepção do último filho.

Como o início da procriação e o intervalo genésico, também a idade da última concepção deveria se inspirar em sedimentadas práticas africanas. Deveria reproduzir aqui o hábito comum de abstinência sexual feminina quando se passava à condição de avó.[17] Supondo-se que, na África, as mulheres iniciavam a procriação por volta dos 15 ou 16 anos, é possível que se tornassem avós entre 31 e 33 anos, situando-se em algum ponto desse período a concepção final. Ora, todos os nossos dados são superiores ao limite africano, o que significa dizer que as escravas, crioulas ou africanas, podem haver redefinido o padrão africano, alongando-o. Pode-se admitir, pois, que uma vez transportadas para o Brasil ou aqui nascidas, elas tendiam a assumir um padrão de procriação final que, dependendo da conjuntura, podia ser próximo ou superior ao padrão da mulher europeia da época moderna.[18]

Um sentido sociológico se sugere na flutuação das idades finais de procriação de acordo com as fases do tráfico atlântico. As escravas pariam logo depois de púberes, a intervalos pouco menores que três anos. A única forma de incrementar a fecundidade era alongar a idade de procriação do último filho. Isto tornava-se mais acentuado

---

17 Manning, *Slavery and African Life*, p.55; Eltis, *Economic Growth and the Ending of the Transatlantic Slave Trade*, p.65.

18 Antes de 1800, as mães europeias tinham seu último filho por volta dos 41 anos de idade. Cf. Anderson, *Aproximaciones a la historia de la familia occidental (1500-1914)*, p.10.

exatamente nos momentos em que mais a família se mostrava necessária, ou seja, nas fases A do tráfico atlântico, quando o incremento dos desembarques de negros no Brasil exacerbava as possibilidades de conflito, tanto entre os senhores e seus escravos, como entre os próprios cativos. O Gráfico 14 mostra essa flutuação.

Gráfico 14 – Variação das idades médias da última procriação das escravas (1790-1830)

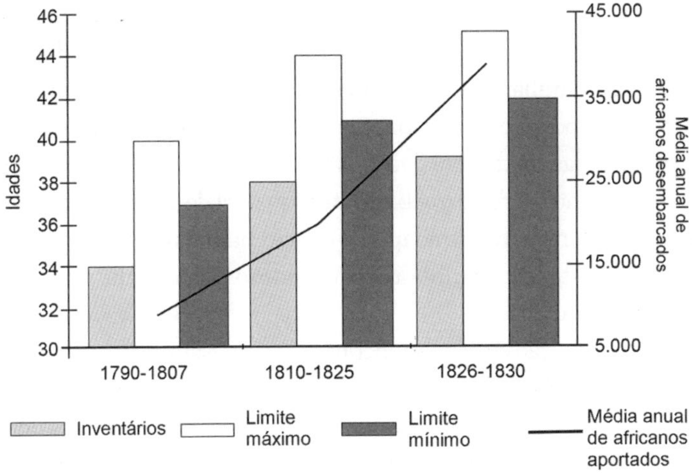

Fonte: Tabela 6.

Poder-se-ia argumentar que a urgência em procriar detectada seria a simples tradução da confluência de três elementos: a dominância de um padrão colonial de menores espaçamentos entre as concepções, a iteração aqui de modelos culturais africanos marcados pela reprodução precoce e, por fim, o cruel desequilíbrio entre os sexos. Não há dúvida de que a desproporção entre os sexos foi uma das mais importantes variáveis com a qual os escravos tiveram que contar ao exercitar regras que lhes tornassem a vida menos penosa. Provavelmente, na ausência de outros indícios, estaríamos fadados a tomá-la como o elemento de maior força cognitiva para explicar, por exemplo, a precocidade reprodutiva. Assim, esta última explicar-se-ia pelo seguinte enunciado: considerando um estoque escasso de mulheres, elas deveriam estar matrimonialmente disponíveis tão logo biologicamente possível o fosse. No entanto, acreditamos que o desequilíbrio sexual (assim como os padrões transplantados da África e aqueles de origem europeia) tenha funcionado antes como condição não conflitante, otimizando apenas a urgência de procriar – este, o elemento significativo para a perpetuação da comunidade cativa.[19]

Retornando, por um instante, aos hábitos matrimoniais das mulheres livres da Colônia, há que destacar um fato. Aquelas pertencentes aos estratos camponeses tendiam a casar-se mais cedo se o acesso à terra ocorresse com certa facilidade, o que torna evidente a necessidade da mão de obra familiar para a sobrevivência de todos. Esse segmento da população, pois, comprovadamente adaptou suas práticas nupciais às circunstâncias em que era dado viver. Fazia-o, inclusive, para "unir força de trabalho".[20] Assim, é bastante plausível deduzir que também a população escrava tivesse adaptado os seus hábitos culturais às indesejadas circunstâncias, embora seja duvidoso que o tenha feito para unir força de trabalho.

Talvez a situação em que se encontravam os escravos fosse análoga à de certas comunidades primitivas cujo risco de desaparecimento, em consequência da exiguidade demográfica, as induzia à institucionalização de normas direcionadas à maximização das possibilidades reprodutivas do grupo.[21] Não há motivos aceitáveis para menosprezar a ideia de que a comunidade escrava, também ela, constituísse variados mecanismos pelos quais se reiterasse, no tempo, como tal. A procriação

---

19 Vale a pena reproduzir aqui as palavras de Romano, ao tentar resgatar um dos fatores que, segundo ele, teria sido responsável pela retomada do crescimento demográfico dos indígenas da América espanhola, a partir do século XVI: "uma nova vontade de viver e se reproduzir". Ainda que não mencione os veículos sociológicos através dos quais essa vontade pôde se expressar, para Romano "é possível imaginar que as massas indígenas tenham tido um impulso de vitalidade e que tenham tomado consciência de que uma forte procriação é uma forma de resistência". Cf. Romano, *Coyunturas opuestas*, p.53.

20 Cf. Bassanezi, "Considerações sobre os estudos do celibato e da idade de casar no passado brasileiro", in: *Anais do IX Encontro de Estudos Populacionais*, v.1, 1994, *passim*.

21 Cf. Meillassoux, *Mulheres, celeiros & capitais*.

era um objeto de investimento dessa espécie de obsessão sociológica e a sua maximização dependeu do exercício de certos padrões forjados pela vivência escrava, como os supra-assinalados. Porém, quiçá diferentemente das sociedades primitivas, o alvo dessa incessante busca do ventre gerador era recriar e tornar mais complexo, junto, o parentesco. Porque este fazia a paz.

Outro aspecto elucidativo da família escrava está expresso nos gráficos 15 e 16. Eles mostram a flutuação dos tipos de arranjo familiar aqui chamados de primários, que nunca conformam menos de 95% das famílias ou do total de parentes capturados pelos inventários. Trata-se de grupos que nesse tipo de fonte aparecem formados por casais legalmente constituídos, com ou sem filhos (aqui denominados de nucleares), além dos formados apenas pelas mães e seus filhos (chamados de matrifocais), os quais, embora possam abarcar as viúvas e mesmo mães cujos maridos foram vendidos, eram fundamentalmente de mães solteiras.

Gráfico 15 – Flutuação dos tipos de arranjo de grupos familiares primários escravos (1790-1830)

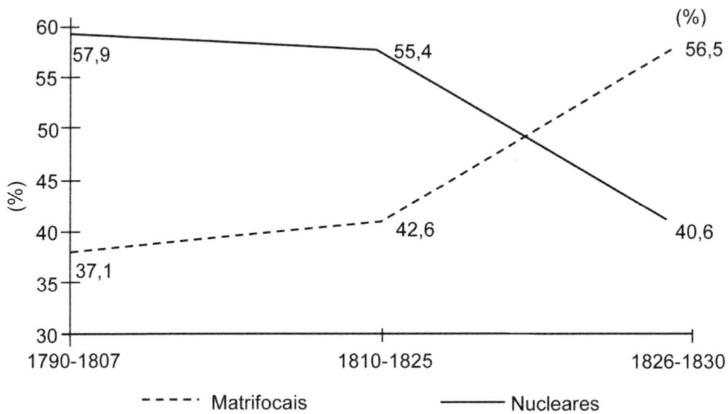

Fonte: Apêndice 14.

Gráfico 16 – Flutuação da quantidade de escravos aparentados de acordo com os tipos de arranjos de grupos familiares primários (1790-1830)

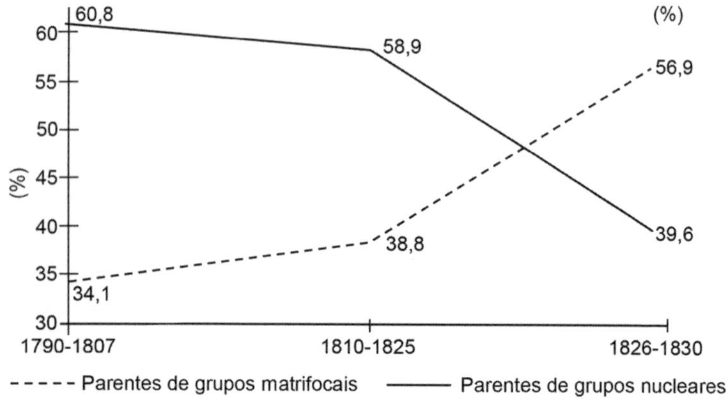

Fonte: Apêndice 14.

Em épocas de estabilidade do desembarque de africanos, os grupos familiares nucleares (pais casados e seus filhos, ou os esposos cujo matrimônio era legalmente sancionado) eram maioria e abrangiam a maior parte dos parentes. Entre 1790 e 1807, seis entre cada dez arranjos familiares em geral e seis entre cada dez familiares escravos eram desse tipo. À medida que o tráfico se incrementava, porém, os grupos familiares primários de base matrifocal (mães solteiras e seus rebentos), e os parentes a eles adscritos, tendiam a ser majoritários.

Índices marcantes de ilegitimidade não eram características exclusivas da população escrava. Embora ainda não tenha sido possível uma mensuração exata de um padrão colonial da ilegitimidade, é cada vez maior a convicção, entre os especialistas, da sua significativa recorrência entre a população livre. Apesar dos esforços da Igreja pós-tridentina, obcecada em normatizar e controlar a vida de seu rebanho, sedimentados costumes (antes consignados inclusive nas *Ordenações do Reino,* na figura do casamento "presumido") continuavam a ser teimosos adversários, aos quais dificilmente aderiam as imprecações e ameaças dos párocos mais ciosos no cumprimento das disposições conciliares.[22] Em Vila Rica, graças aos estudos de Iraci del Nero Costa, sabe-se que na segunda metade do século XVIII os índices de ilegitimidade chegavam a 65% da população livre.[23] Renato Venâncio foi outro que levantou esse tipo de índice em livros de batismos de algumas paróquias, na virada dos séculos XVIII e XIX. Uma delas interessa aqui de perto, a de Jacarepaguá, localizada no meio rural fluminense. Lá, entre 1760 e 1799, 16,5% dos nascimentos eram de crianças ilegítimas. Quase a metade das mães dessa população infantil era de ex-escravas. Na mesma época, eram ilegítimos 40,1% dos nascidos cativos.[24] Sabe-se também, através das devassas eclesiásticas realizadas em 1813, que em doze freguesias do Sul da Bahia as acusações referentes aos desvios na vida familiar representavam dois terços do total de 596 desses tipos de caso então detectados. Mais que isto, 59% das 361 acusações circunscritas a esse tópico se referiam a situações de concubinato que envolviam pessoas de todos os estatutos jurídicos. Tal cifra, quando acrescentada às denúncias de ligações sexuais caracterizadas como "tratos ilícitos", "ajuntamento", "amizades ilícitas" e aquelas em que se "vivem como se fossem casados", chegava a 45% da totalidade dos delitos.[25]

---

22 Na certa, outros fatores vieram a influir para que a Igreja jamais saísse, dessa cruzada, completamente vitoriosa. Para alguns estudiosos, isto se devia aos elevados custos desse sacramento, acessível apenas aos estratos mais bem aquinhoados da Colônia (cf. Silva, *Sistema de casamento no Brasil colonial*, p.55). Outros, por sua vez, percebem o problema como decorrência do lugar particular que a população pobre ocupava nessa periferia do Império lusitano, homens e mulheres à margem de bens e ofícios, andarilhos de um mundo instável e precário (cf. Vainfas, *Trópico dos pecados*, p.86-7).

23 Costa, *Vila Rica*, p.227.

24 Venâncio, "Nos limites da sagrada família", in: Vainfas (Org.), *História da sexualidade no Brasil*, p.107-23.

25 Cf. Mott, *Escravidão, homossexualidade e demonologia*, p.52 ss. Os registros de batismos de crianças escravas confirmam terem sido altos os graus de ilegitimidade no meio rural fluminense de antes de 1850: 79% de 1.118 casos em Inhaúma, entre 1817 e 1842 (cf. Góes, *O cativeiro imperfeito*, p.184-5); 63% de 385 casos em Jacarepaguá, entre 1795 e 1801 (cf. "Livro de batismos de escravos da freguesia de Nossa Senhora do Loreto de Jacarepaguá"); e 73% de 662 casos em Mambucaba, entre 1830 e 1849 (cf. "Livro de batismos de escravos da freguesia de Mambucaba"). O mesmo panorama vigia no meio urbano, onde a ilegitimidade chegava a 91% de 1.200 casos na freguesia de

No entanto, se índices expressivos de ilegitimidade não eram apanágio dos cativos, a peculiar configuração que assumiam segundo a variação do volume de desembarque de africanos permite observar melhor o problema da reprodução da socialização familiar fora e dentro da norma colonial, e conhecer outros aspectos importantes da escravidão. Reparando bem, estamos diante de mecanismos pelos quais a estabilidade política da sociedade escravista, tantas vezes subestimada e sempre imputada a uma genérica violência, lograva reproduzir-se. Fundado no apresamento de estrangeiros, o sistema, para bem funcionar, requeria um sem-número de dispositivos mediante os quais alcançava integrá-los a si. E como era cativa a condição que os aguardava, este era também o processo mediante o qual o apresado transformava-se em escravo – um tipo específico de trabalhador. O matrimônio legal era um desses mecanismos. Os cativos que compareciam ante um ministro católico para casar-se não estavam apenas a unir-se perante Deus, é evidente. Estavam a tornar-se escravos, igualmente. Pouco importa se dos evangelhos desconheciam quase tudo ou se, o que seria mais plausível, para além da vigilância da casa-grande, punham-se a ressignificar a palavra senhorial e cristã a partir de sua própria herança cultural.[26] O casamento era um poderoso agente no desbaste da profunda crosta de hábitos e atitudes inadequadas ao vir a ser escravo. Porque regrava. Aos contemporâneos isto não escapou. Spix e Martius, por exemplo, logo que

São José, entre 1802 e 1810 (cf. "Livro de batismos de escravos da freguesia de São José"). Tal panorama permaneceu após o fim do tráfico e, na freguesia rural de Campo Grande, entre 1862 e 1867, a ilegitimidade chegava a 95% dos 554 casos levantados, ao passo que na freguesia urbana de São José tal cifra abarcava 96% de 532 casos rastreados entre 1849 e 1852 (dados levantados por Tânia Salgado Pimenta nos livros de batismos de escravos dessas freguesias, constantes do acervo da Cúria Metropolitana do Rio de Janeiro). Por certo, tamanha ilegitimidade era também caudatária de uma prática que, talvez, possa ter sido muito comum entre os escravos do Rio de Janeiro – como o era entre os cativos de Campinas em 1872: primeiro parir e, só depois, casar-se. Cf. Slenes, "Escravidão e família", *Estudos Econômicos*, v.17, n.2, p.219, 1987.

26 Cf. Slenes, "*Malungu, ngoma* vem!", *Revista USP*, n.12, p.48-67, 1991/1992.

chegaram ao Brasil, assistiram a uma festa dos negros em homenagem a Nossa Senhora do Rosário. Compreenderam que naquele templo, às margens da baía de Guanabara e próximo ao palácio do imperador, se "civilizavam" pretos. Em meio a uma música alegre, "quase engraçada", experimentaram sentimentos ambíguos: lamentaram-se pela barbárie implícita na escravidão, mas consolaram-se por constatar que aqueles seres de pele escura adquiriam, pouco a pouco, "traços de humanidade".[27] Em suma, a sociedade escravista precisava integrar culturalmente a si os estrangeiros que fazia desembarcar em suas praias e o sacramento do matrimônio a isto se prestava. Civilização e humanização, diziam eles. Produção de escravos, acrescentamos nós.

O que as fontes aqui utilizadas mostram é que o dispositivo do matrimônio estava preparado para funcionar de maneira adequada em momentos de estabilidade de desembarques de africanos. A maior parte dos grupos familiares primários, então, compunha-se de casais (com ou sem filhos) legalmente casados. Nas fases de expansão, contudo, os grupos matrifocais predominavam, isto é, os dispositivos com que contava o cativeiro para incorporar a si a mão de obra escrava davam sinais de exaustão. E, no entanto, o cativeiro, mesmo assim, foi capaz de conservar-se incólume. Como explicá-lo?

A primeira consideração a fazer diz respeito, é claro, à elasticidade dos limites políticos da escravidão, a qual não deve ter sido mais estreita – ou menos elástica, se se quiser – que em outros tipos de sociedade (como a nossa, por exemplo). A segunda refere-se a que o grande número de africanos era, de fato, um problema para as autoridades e para os senhores em geral. Exemplos há, muitos, de temores confessados. Basta-nos um, o de um conhecido senhor de escravos cubano, Arango y Parreño, que, após escrever sobre a grande felicidade que o açúcar proporcionava a si e à sua classe, ponderou:

> Meus receios se referem ao que vem depois, ao tempo em que cresça a fortuna da ilha e tenha dentro de seu recinto quinhentos mil

27 Spix; Martius, *Viagem pelo Brasil*, p.57.

ou seiscentos mil africanos. Desde já falo para esta época, e quero que nossas precauções comecem desde este momento.[28]

Finalmente, deve ser observado que se o predomínio dos grupos matrifocais assinala que a união conjugal passava a se dar, em sua maioria, ao arrepio das normas socialmente aceitas (transgressão que deve ser matizada à luz dos padrões de ilegitimidade da população livre), também indica a urgência escrava (e sistêmica) do aparentar-se cativo. Em fases de grandes desembarques, quando, em hipótese, mais se fazia necessária, a todos, a consecução de laços parentais escravos, estes não deixavam de se realizar por frustrar-se o pleno funcionamento da mecânica social destinada à "desestrangeirização".

Quanto à variação de acordo com o tamanho do plantel, ela está demonstrada nos gráficos 17 e 18. Considerando todas as fases do tráfico, e sabendo-se que durante o intervalo 1826-1830 as importações de africanos chegaram a seu ápice em função do anúncio do fim próximo do comércio internacional de almas, verificou-se que os plantéis menores e maiores respondiam de forma semelhante ao incremento de desembarques: em ambos, as famílias matrifocais tendiam a superar as nucleares. Porém, nos menores plantéis, ao primeiro sinal de expansão, o grupo familiar matrifocal logo passava a predominar. Os pequenos ajuntamentos de escravos, nos quais a presença e o contato com os hábitos senhoriais eram maiores, provavelmente podiam prescindir antes, ou mais facilmente, da regra consubstanciada no matrimônio legal. Não obstante, nesse caso, a explicação mais plausível talvez resida na maior facilidade que tinham os pequenos escravistas em vender seus cativos, dada a elevação do preço destes. Assim, esses números podem indicar a maior incidência de destruição da família escrava. Entre os cativos das grandes propriedades, pelo contrário, somente quando, durante o período 1826-1830, o tráfico atlântico se elevou a níveis nunca vistos, é que os arranjos primários de base matrifocal passaram a predominar, revelando então os limites do dispositivo do matrimônio para a incorporação da escravaria.

---

28 Castro, "A economia política, o capitalismo e a escravidão", in: Amaral Lapa (Org.), *Modos de produção e realidade brasileira*, p.103.

Gráfico 17 – Flutuação dos tipos de arranjo de grupos familiares primários dos escravos em plantéis com menos de vinte cativos (1790-1830)

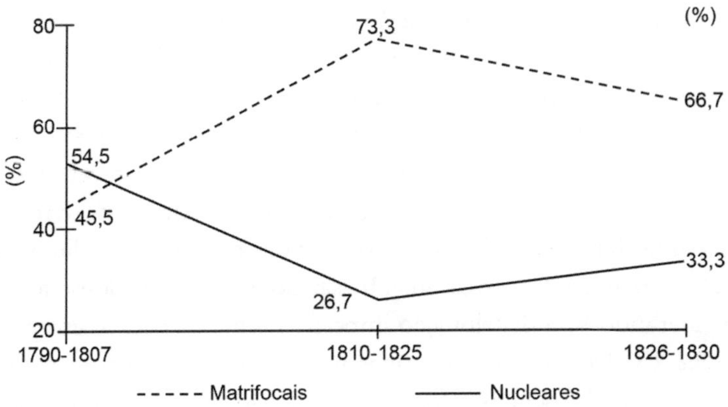

Fonte: Apêndice 16.

Gráfico 18 – Flutuação dos tipos de arranjo de grupos familiares primários dos escravos em plantéis com mais de vinte cativos (1790-1830)

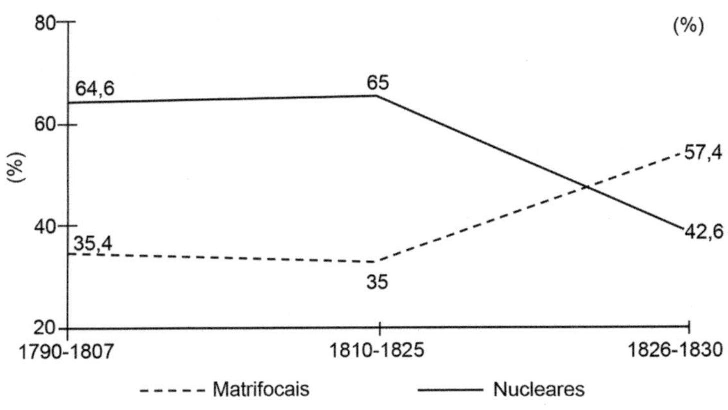

Fonte: Apêndice 16.

Para dissipar alguma dúvida que porventura venha a surgir pertinente ao problema com o qual vimos lidando, convém esclarecer determinados pontos. Estamos a tratar do que nomeamos arranjos familiares primários – nucleares e matrifocais. Imputamos significados às suas variações, dissemos que o sacramento do matrimônio é momento importante da criação do escravo etc. E, no entanto, a maioria dos cativos constantes dos inventários surge desligada desses grupos. Aparentemente, pois, seria difícil a aceitação das generalizações apresentadas. A fim de enfrentar o problema, faz-se necessário desconsiderar, de início, as limitações próprias da fonte em revelar esses tipos de arranjo – tema já comentado em outras partes deste livro. O mais importante a considerar são os grandes marcos que delimitam quando pode acontecer o casamento, sancionado ou não, de escravos, considerando-se a distribuição imperfeitíssima dos sexos entre os cativos. Evidentemente, o contingente de celibatários devia ser alto numa sociedade escravista como aquela (e não só o de escravos, mas também o da população livre). Quanto aos demais (os não excedentes, digamos), para os efeitos que se buscavam, não era imprescindível que o matrimônio a todos chegasse. À sociedade escravista, como sua longa duração parece demonstrar, bastava contar com áreas de aderência entre a população cativa.

Cabe agora observar bem de perto esses matrimônios, pois eram, dos laços familiares, os mais frequentes entre os escravos. De 30% a 40% de todos os parentes estavam casados, amplitude que, considerando, por certo, somente os cativos adultos, variava entre 50% e 57%. A seguir, eles serão analisados segundo as naturalidades dos cônjuges.[29]

Africanos e crioulos tinham acesso ao casamento. Observe-se, no entanto, que eram sempre os primeiros os casais predominantes na realização do matrimônio legal. A maior incidência de casamentos sancionados pela norma entre os africanos era, até certo ponto, demograficamente explicável: em uma população aberta como a de escravos do agro fluminense, eles tendiam a ser majoritários entre os cativos maiores de 15 anos (idade a partir da qual geralmente se casava).

29 Arquivo Nacional, "Inventários *post-mortem* (1790-1830)".

Entretanto, devido à alta taxa de masculinidade existente entre os africanos maiores de 15 anos,[30] seria de se supor que os casamentos mistos tenderiam a crescer em número à medida que aumentasse o volume de desembarques. Não era isso o que ocorria, porém, como pode ser visto no Gráfico 19.

Gráfico 19 – Variação dos casamentos escravos de acordo com as naturalidades dos cônjuges (1790-1830)

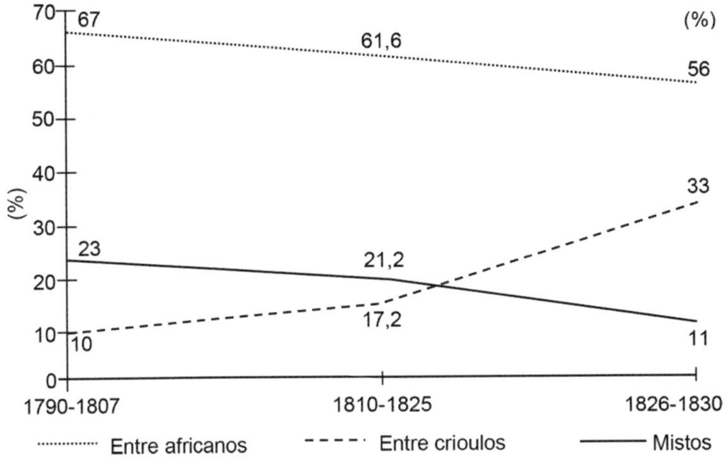

Fonte: Apêndice 17.

O que de início salta aos olhos é que a escolha dos parceiros era presidida por um critério seletivo no que concernia à naturalidade. Assim, dependendo da conjuntura considerada, em cada grupo de dez casais que aparecem nos inventários, de cinco a sete eram formados por consortes africanos, de um a três eram constituídos por escravos nascidos no Brasil, e de um a dois uniam cônjuges africanos e crioulos.[31] A endogamia por naturalidade era a norma. O diálogo entre Saint-Hilaire e um africano deve ser outra vez citado, porque traduz bem a dificuldade dos casamentos mistos: "as crioulas desprezam

30 Cf. Apêndice 17.
31 Cf. Apêndice 17.

os negros da costa", dissera o escravo ao botânico. Os africanos, por sua vez, teriam lá também as suas dificuldades em se reconhecerem nos crioulos.[32]

A variação dos arranjos matrimoniais por naturalidade ensina mais. O decréscimo da participação dos casais africanos no universo dos casais escravos não era concomitante a um crescimento das uniões mistas. Isto significa que, quanto maior era o volume do tráfico, maiores dificuldades tinham os africanos de realizarem seus casamentos dentro da norma. Viu-se um aspecto dessa mudança anteriormente, quando se tratou da variação dos tipos de agrupamento familiar primário. A queda dos percentuais dos casamentos entre africanos e das uniões mistas só pode significar uma coisa: os crioulos tendiam a se fechar entre si. Nos momentos de expansão, pois, acirravam-se as rivalidades entre africanos e crioulos. A entrada acentuada e crescente de africanos pode ter sido sentida como uma ameaça capaz de dissolver a tal "linha" imaginária que a "opinião pública estabeleceu entre ambos", nas palavras de Henry Koster.

Chega a ser notável, aliás, a maneira como os registros eclesiásticos de matrimônios de escravos da freguesia rural de Jacarepaguá acompanham os movimentos detectados pelos inventários através do Gráfico 19. Assim, cerca de metade das uniões legais entre cativos realizadas de 1790 a 1808 envolvia cônjuges africanos, para 27% de parceiros crioulos e 24% de esposos de ambas as naturalidades. A partir do incremento do tráfico, esses registros detectam a queda acentuada das uniões envolvendo africanos, a subida também contundente da participação de casamentos entre crioulos, além da violenta queda de uniões entre indivíduos de ambas as naturalidades (ver Gráfico 20).[33]

---

32 Sobre os conflitos entre crioulos e africanos, cf. Reis, *Rebelião escrava no Brasil, passim*, e Mattoso, *Ser escravo no Brasil, passim.*

33 A amostragem desse gráfico envolve 219 uniões legais entre escravos realizadas entre 1790 e 1807, e 394 registros de 1808 a 1830. Dados levantados por Hilton Moreira de Souza no "Livro de matrimônios de escravos" dessa freguesia, constante do acervo da Cúria Metropolitana do Rio de Janeiro.

Gráfico 20 – Variação dos casamentos escravos de acordo com as naturalidades dos cônjuges, na freguesia de Jacarepaguá (1790-1830)

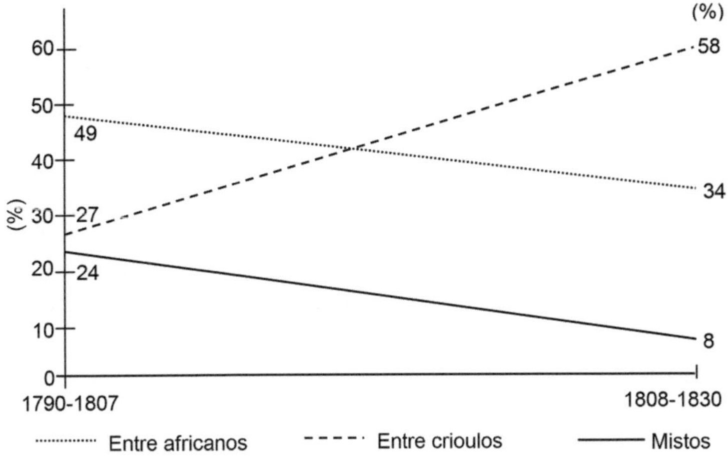

Fonte: Arquivo da Cúria Metropolitana do Rio de Janeiro, "Livro de casamentos de escravos da freguesia de Nossa Senhora do Loreto de Jacarepaguá, 1790-1830".

Os crioulos, portanto, respondiam com hostilidade à crescente presença de africanos. Estes, contudo, que só eram "africanos" para os brancos (e, talvez, embora de maneira muito menos acentuada, também para os crioulos), tinham que se preocupar com outra frente de uma guerra de inúmeras batalhas. Nos momentos de estabilidade, eles tendiam a constituir o matrimônio com parceiros da mesma etnia. Apenas um em cada cinco casamentos juntava pessoas de comunidades diferentes – congos e minas, cassanges e moçambiques etc. Esse mesmo padrão vigorou no Recôncavo baiano, na segunda metade do século XVIII, conforme apurou Schwartz.[34] Deve ter sido a norma nas fases B. Em épocas de grandes desembarques, contudo, essa relação se invertia por completo: quase quatro em cinco uniões ligavam etnias diferentes.[35] Talvez fosse nessa época que, de fato,

34 Schwartz, *Segredos internos*, p.319 ss.

35 Cf. Apêndice 17. Mais uma vez, os registros de matrimônios de escravos da freguesia rural de Jacarepaguá acompanham os movimentos detectados por nossos inventários: de 108 uniões legais entre escravos africanos cuja

explodiam as fronteiras étnicas entre os nascidos na África, criando a figura social do *africano*.

Evidentemente, com o crescimento do tráfico também se ampliava o mosaico de povos arrancados à África. Casamentos entre parceiros africanos de grupos étnicos distintos, por isso, podiam se verificar mais frequentemente.[36] No entanto, é possível que outras forças também atuassem para produzir essa maior mistura entre os africanos. A questão é: a preferência por casamentos endogâmicos entre os africanos, na fase de estabilidade, era função apenas do relativamente reduzido espectro étnico abarcado pelo tráfico ou expressava também um desejo do escravo em reiterar aqui, no Brasil, as tradições culturais de que era herdeiro – quilimane e não africano, benguela e não africano, monjolo e não africano?

O sucedido ao crioulo forro Alexandre Francisco, em 1811, na Bahia, ajuda a reflexão.[37] Ele já estava com casamento marcado com a crioula Joaquina Maria do Sacramento quando, ao tentar fazer publicar os proclamas, descobriu como uma sogra podia ser pérfida quando não queria ser uma aliada. Ela simplesmente o denunciara como escravo e casado. Era mentira, ele o provou. A verdade, segundo Alexandre, é que a mãe de Joaquina, sendo uma nagô, fora persuadida por seus conterrâneos a casar a filha com um deles. Ana, a talvez futura sogra, de fato não se comportava bem com o liberto. Mas fora fiel aos nagôs.

De qualquer forma, quando cresciam os desembarques, tornava-se mais improvável que uma preferência étnica presidisse os casamentos entre africanos. Arrancados a numerosas comunidades,

---

etnia de origem era explicitada, realizadas entre 1790 e 1807, 87% envolviam cônjuges africanos da mesma etnia e 13% parceiros de etnias distintas; com o incremento do tráfico (1808-1830), os dezenove registros de casamentos com etnia explicitada apontam a queda das uniões entre africanos de mesmas etnias (37%) e a subida da participação de casamentos entre os de etnias distintas (63%) (cf. o "Livro de matrimônios de escravos" dessa freguesia, constante do acervo da Cúria Metropolitana do Rio de Janeiro).

36 Agradecemos ao professor João José Reis as observações que delicadamente nos fez acerca desse assunto.

37 Cf. Schwartz, *Segredos internos*, p.319.

talvez distribuídos seletivamente nos plantéis de forma a impedir solidariedades já constituídas, e submetidos a uma sempiterna fome de mulheres, não havia como esses cativos reiterarem permanentemente aqui as particularidades culturais de que eram herdeiros. O que se tornava único estava fadado a dissolver-se através de uniões conjugais, entre outros laços, para ressurgir numa nova identidade, doravante africana. Os momentos de expansão do tráfico, ao elevar a níveis mais cruéis a tensão social em meio aos escravos, reclamava e apressava a consecução de laços familiares por sobre a norma e as barreiras étnicas que, em momentos menos conflitivos, podiam preservar o que fazia de um mina um mina ou de um rebolo um rebolo.

Na verdade, a longa viagem de um cativo nascido na África era feita de muitos portos, cada qual acrescentando mais um elemento ao processo pelo qual tornar-se-iam, finalmente, escravos e africanos. Arrancados de sua geografia, ensinados a trabalhar e a obedecer do ponto em que se encarnava uma certa comunidade culturalmente singular – estas eram paradas obrigatórias (entre outras) do fazer-se cativo africano. O abrasileiramento da escravaria, isto é, a vida crescentemente regrada sob normas senhoriais, é também a africanização dos apresados em África. Numa palavra, a inevitável aculturação, processo multifacetado, rico, tenso, que se traduz por um contínuo entre a produção de realidades sincréticas e a experiência de disjunções culturais.[38]

Na última série de resultados obtidos pela observação dos matrimônios cativos, a análise das diferenças médias entre as idades dos cônjuges – por faixas etárias e naturalidade – permitiu perceber outras regras que pautavam o mercado matrimonial cativo, estas repletas de ensinamentos sobre a escravidão. Antes, porém, será útil relatar alguns dados atinentes a famílias escravas, recolhidos por Stuart Schwartz no Engenho Santana, no Recôncavo baiano da primeira metade do

38 Sobre a formação do africano no Brasil, cf. Slenes, "*Malungu, ngoma* vem!", *Revista USP*, n.12, 1991/1992, *passim*.

século XVIII.[39] Schwartz encontrou dois arrolamentos da população escrava do engenho, datados de 1731 e 1752. O primeiro deles refere-se à época em que a propriedade era administrada pelo padre Manuel de Figueiredo, que, para escândalo de seus sucessores, considerava perfeitamente dispensável legalizar a situação matrimonial dos cativos. Comportava-se, no julgamento do historiador, como o comum dos outros senhores da Colônia. O segundo reflete já o cuidado em normatizar a vida conjugal dos cativos, para a glória de Deus e menor vergonha dos homens. Ambos os arrolamentos tratam de unidades residenciais.

Em 1731, foram discriminadas 57 dessas unidades e 178 escravos, dos quais apenas 26 casados formalmente. Poucos eram os que haviam recebido o sacramento cristão, mas a maioria "vivia em unidades que incluíam um homem e uma mulher declarados como parceiros sexuais ou com idades que tornavam tal relacionamento provável".[40]

O que existia no Engenho Santana, portanto, era algo muito semelhante ao que encontramos no agro fluminense em períodos de estabilidade: a união conjugal cativa tendia a assumir a forma dos grupos familiares de tipo nuclear: pai, mãe e filhos (afortunadamente, nesse caso, foi possível inclusive documentar uniões consensuais informais). No entanto, o mais interessante ainda está por vir. Schwartz percebeu que alguns grupos residenciais assumiam uma configuração um tanto estranha e não se equivocou ao tomá-la como consequência da escravidão. A citação é um pouco longa, mas interessa de perto:

> A escravidão, entretanto, de fato produziu seus efeitos naquele engenho. Um padrão que parece relacionado à experiência do cativeiro é o de grupos residenciais sintéticos, compostos de uma ou mais mulheres idosas e homens jovens solteiros [...] Tais unidades parecem ter envolvido arranjos em que mulheres idosas, menos produtivas, eram designadas para cuidar da moradia e alimentação de homens solteiros recém-chegados.[41]

39 Schwartz, *Segredos internos*, p.319 ss.
40 Ibid., p.323.
41 Ibid.

Que era efeito da escravidão, é evidente; que aquelas escravas idosas estivessem ali para cuidar da moradia e da alimentação de recém-chegados é duvidoso, como se verá. Uma última característica desse primeiro arrolamento: havia diferenças etárias bastante pronunciadas entre os casais. Um dos cônjuges, por exemplo, era vinte anos mais velho que a companheira. Outro, trinta. Uma mulher tinha dezessete anos a mais que seu parceiro. Como regra, porém, os homens eram mais velhos que as esposas.

Em 1752, muita coisa havia mudado. A administração do Santana, desde o último arrolamento, era agora tipicamente religiosa. Uma política voltada para incentivar o matrimônio legal produzira resultados marcantes – na recorrência com que aconteciam e na forma em que se davam. Se antes eram dez os domicílios chefiados por mulheres, passados 21 anos restavam apenas três: de mulheres sós, viúvas. A diferença etária média entre os casais conformara-se a um "típico padrão europeu", isto é, diminuíra com acentuada nitidez: de 7,2 (quando dois terços alcançavam a faixa dos dez anos) para 4,1 anos. Não havia, então, casos de idosos casados com mulheres jovens, nem de mulheres com idade superior a cinco anos à de seus cônjuges.

Voltando às áreas rurais do Rio de Janeiro, os gráficos 21 e 22 mostram que, nas épocas de estabilidade do tráfico, africanos e crioulos, a partir dos 24 anos, tendiam, em geral, a ser crescentemente mais velhos do que suas esposas. Estas, por sua vez, e ainda *grosso modo*, eram mais novas que seus parceiros, de forma decrescente, dos 15 aos 45 anos. Dito de outro modo: quanto mais velho era o cativo, maior a diferença etária entre ele e sua esposa; por outro lado, quanto mais nova esta, maior a referida diferença para com seu marido. É cabível pensar em um movimento tendencialmente simétrico, marcado por uma relação causal: se a diferença etária do homem aumentara com o tempo, sobretudo em se tratando dos crioulos, é porque ele gradualmente se casara com mulheres cada vez mais jovens. Em suma, em fases B dos desembarques de africanos, os homens mais velhos dominaram o mercado de mulheres férteis. Nesses momentos, a competição entre os idosos africanos e crioulos parece ligeiramente desequilibrada em prol daqueles nascidos no Brasil.

Gráfico 21 – Distribuição da diferença etária média entre os cônjuges escravos africanos (1790-1807)

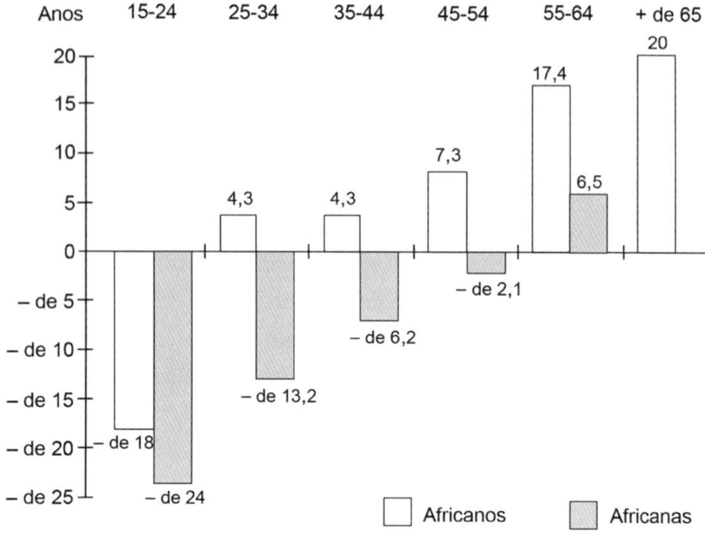

Fonte: Arquivo Nacional, "Inventários *post-mortem* (1790-1807)".

Observe-se que, curiosamente, encontramos a mesma simetria etária agora entre mulheres idosas (acima de 45 anos) e homens muito jovens (entre 15 e 25 anos): quanto mais velhas, maiores as diferenças etárias delas para com seus parceiros; estes, pelo contrário, quanto mais moços, mais novos que suas parceiras. O monopólio dos homens maduros e idosos era tão forte sobre as mulheres férteis que os cativos jovens eram permanentemente excluídos do acesso a estas últimas. Aos escravos muito moços, em particular aos nascidos na África, restavam apenas as mulheres com idade bem superior à deles. Qualquer semelhança com o que se passava no Engenho Santana (quando dirigido por um religioso sem grandes preocupações com a alma dos escravos) não é, na certa, mera coincidência. O que a Schwartz pareceu estranho e foi explicado como uma função das escravas mais velhas – cuidar dos recém-chegados –, nada mais era, muito provavelmente, que a experiência de regras cativas voltadas à regulação do mercado matrimonial.

Gráfico 22 – Distribuição da diferença etária média entre os cônjuges escravos crioulos (1790-1807)

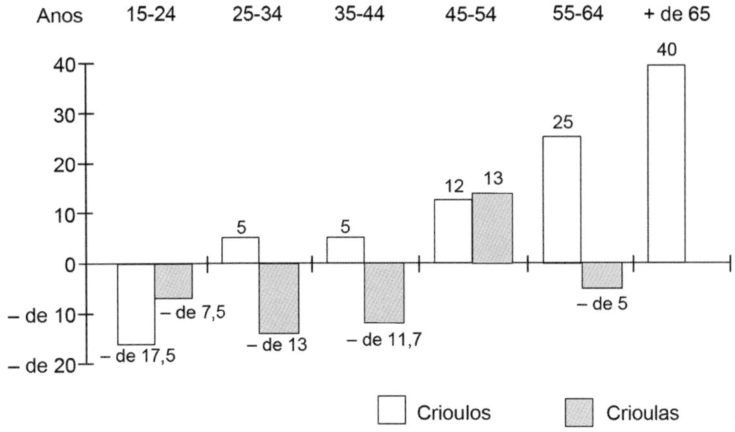

Fonte: Arquivo Nacional, "Inventários *post-mortem* (1790-1807)".

Minoritárias entre a escravaria, há quem suponha que as mulheres estivessem em condições privilegiadas na escolha do parceiro, como se o acasalamento entre os cativos fosse um mero problema matemático. Ora, essa peculiar configuração do mercado matrimonial está a indicar o que o simples bom senso já sugeria: as uniões conjugais não se davam ao acaso, não eram simples função do cruel desequilíbrio entre os sexos, nem se verificavam, enfim, ao descompasso de regras culturalmente aceitas. Foi com certeza a essas regras que aludiu Esteban Montejo, um ex-escravo que passou quase toda sua vida oculto nas matas cubanas, por não aceitar viver na escravidão: "Os próprios velhos não queriam que os jovenzinhos conhecessem mulher. Eles diziam que só aos 25 anos é que os homens tinham experiência".[42] Disse mais: "Para ter uma, a gente tinha que ter 25 anos ou agarrá-la no campo".[43]

Na penosa viagem que tornava homens apresados em escravos, o ser parente era dos portos mais importantes. Pacificava, regrava, dizia a

42 Barnet, *Memórias de um "cimarrón"*, p.40.

43 Ibid.

Esteban quando teria a oportunidade de ter acesso à mulher e protegia esta de maus encontros nos campos. Lá, afinal, já a esperava o feitor.

Mas o que se passava quando do incremento do tráfico? Ressalte-se, de início, a dificuldade de acompanhar as possíveis derivações desse movimento, em especial para os africanos que, já vimos, respondiam ao incremento dos desembarques – e ao fechamento parental dos crioulos entre si – através do aumento da frequência do parentesco não sancionado pela norma (escapando, pois, aos próximos gráficos). Mesmo assim, algumas ilações são possíveis. Para tanto, os gráficos 23 a 26 revelam as variações segundo o aumento do desembarque de africanos.

Gráfico 23 – Distribuição da diferença etária média entre os cônjuges escravos africanos (1810-1825)

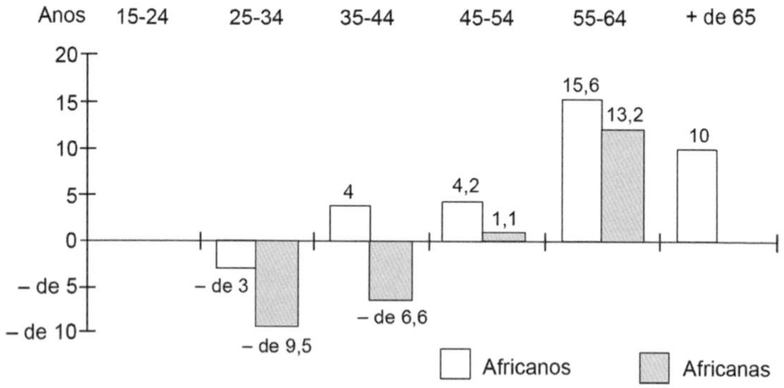

Fonte: Arquivo Nacional, "Inventários *post-mortem* (1810-1825)".

Em termos gerais, eram menores as diferenças etárias entre homens jovens e suas esposas. Os jovens cônjuges africanos chegavam mesmo a ser mais velhos que suas mulheres no intervalo 1826-1830. De algum modo, o incremento dos desembarques, até por significar a absorção de maiores contingentes de africanos não tão idosos, desarranjava ou dificultava o controle dos idosos sobre o mercado matrimonial. Ora, a preeminência dos mais velhos representava a cristalização de um poder político pacificador (uma espécie de *poder civil*) forte entre os escravos. A sua retração – mesmo que relativa – só podia contribuir para elevar os níveis de tensão na própria comunidade, mais um elemento a empurrar aos limites as possibilidades da vida em cativeiro. Deve-se, contudo, supor que o incremento do tráfico significava a exacerbação dos mecanismos matrimoniais calcados na força? Que a comunidade escrava vivia então a passagem para um estado social de guerra em que as mulheres, como regra, se as obtinha pela tocaia nos campos? Dificilmente. Um resultado possível, corroborado pelas fontes, era o incremento da rivalidade entre africanos e crioulos. Estes últimos, afinal de contas, perdiam o controle sobre as jovens férteis, o que não era pouca coisa numa coletividade marcada por dolorosos desequilíbrios entre os sexos e paupérrima no que se referia à expectativa de sobressair-se sobre os demais – compreende-se, assim, por que tendiam a se fechar entre si e a recusar as uniões mistas. As fontes não são capazes de indicá-lo, mas a permanência e a duração da escravidão asseguram que a comunidade cativa encontrou outros meios de regrar-se. Conhecemos apenas o efeito dessas regras que ainda nos escapam: mais e mais *africanos*, americanos, brasileiros, parentes, escravos.

Gráfico 24 – Distribuição da diferença etária média entre os cônjuges escravos crioulos (1810-1825)

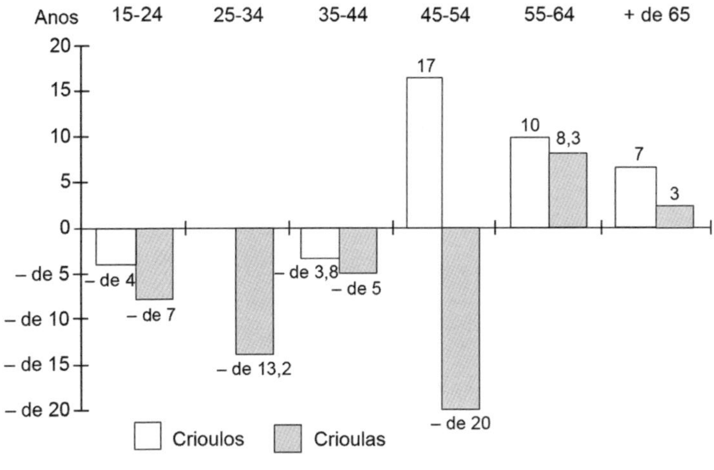

Fonte: Arquivo Nacional, "Inventários *post-mortem* (1810-1825)".

Gráfico 25 – Distribuição da diferença etária média entre os cônjuges escravos africanos (1826-1830)

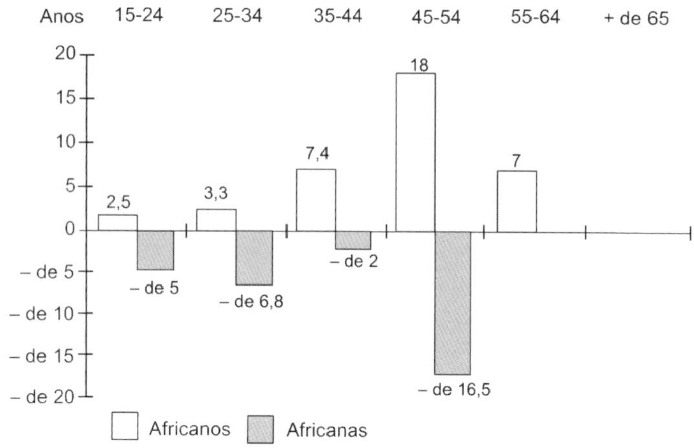

Fonte: Arquivo Nacional, "Inventários *post-mortem* (1826-1830)".

Gráfico 26 – Distribuição da diferença etária média entre os cônjuges escravos crioulos (1826-1830)

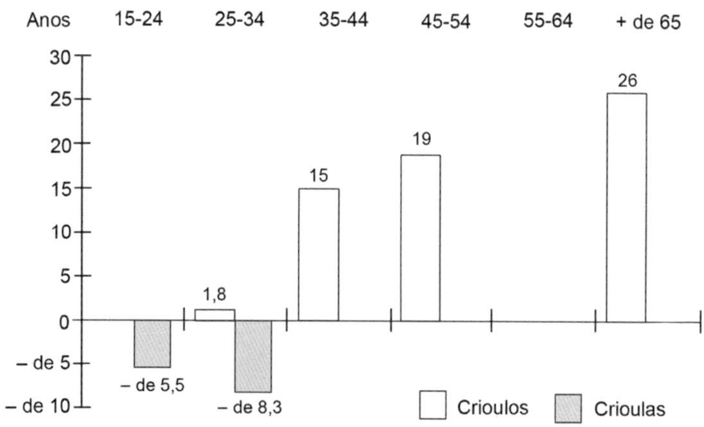

Fonte: Arquivo Nacional, "Inventários *post-mortem* (1826-1830)".

8

Da renda política do parentesco escravo: uma contribuição

Procedendo a um exercício singelo – a comparação dos preços de cativos aparentados com os daqueles não aparentados –, seremos forçados a concluir: o simples fato de estar ligado a redes parentais de primeiro grau podia implicar a desvalorização, *pelo mercado*, de parcela substancial do valor monetário de cada um dos parentes escravos. A envergadura de tal desvalorização variava, porém, de acordo com a idade.

É o que mostra o Gráfico 27, indicando que uma criança aparentada podia custar de menos dois terços a menos um terço do que aquelas não aparentadas de sua faixa etária, ao mesmo tempo que, dependendo da conjuntura, parentes adultos podiam valer de –10% a +8% do que seus pares etários desprovidos de parentesco. Para os escravos de mais de 40 anos, tal amplitude podia variar entre –3% a +25%.

Os gráficos 28 e 29, por sua vez, reafirmam que o impacto da desvalorização monetária advinda do parentesco era, para ambos os sexos, cada vez menor com o avançar da idade. De fato, para sermos precisos, a envergadura de tal desvalorização oscilava de maneira inversamente proporcional à idade: maior para os parentes mais novos, tendente a zero entre os escravos adultos. Para os cativos mais velhos, ser parente significava em geral valer mais do que não o ser.

Gráfico 27 – Variação dos preços médios dos escravos aparentados em relação aos não aparentados, por grandes faixas etárias (1790-1830)

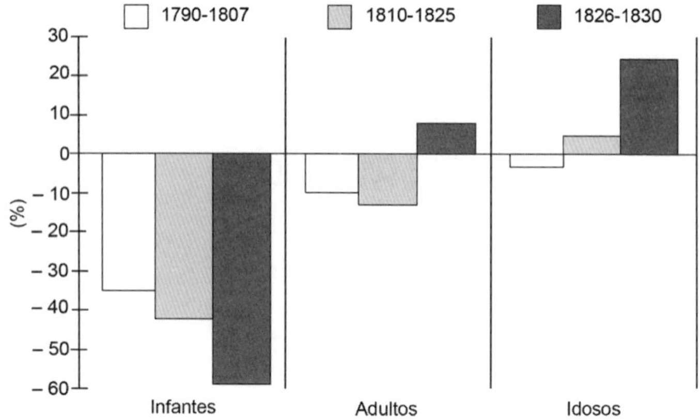

Fonte: Apêndice 18.

A dar sentido à desvalorização relativa da criança aparentada talvez esteja o reconhecimento pelo mercado de sua dependência física, psíquica e afetiva em relação aos pais – sobretudo à mãe no caso dos recém-nascidos. Não é gratuito, aliás, que jamais se tenha encontrado sequer indícios da existência de um mercado de bebês cativos. Por outro lado, a contínua revalorização dos mais velhos aparentados, até culminar no maior preço do idoso aparentado em relação ao velho solitário, apenas vem ratificar algumas das conclusões a que chegamos quando da análise dos gráficos 21 a 26, que apontavam para a existência de um poder político pacificador forte entre os escravos, representado exatamente pelos cativos mais idosos. A esse respeito, tampouco é gratuito detectar que na mesma proporção em que se intensificava o tráfico (isto é, quanto mais cresciam os níveis de desarraigo social e, pois, as tensões entre os escravos), também o mercado valorizava os idosos parentes. É possível pleitear que tal movimento significasse o reconhecimento da força de agentes que, portadores da experiência do parentesco no cativeiro, podiam contribuir, quiçá decisivamente, para o arrefecimento dos graus de tensão no interior da comunidade escrava, reproduzindo e alargando as possibilidades sociais de vida no cativeiro.

Gráfico 28 – Variação dos preços médios dos escravos masculinos aparentados em relação aos escravos masculinos não aparentados, por grandes faixas etárias (1790-1830)

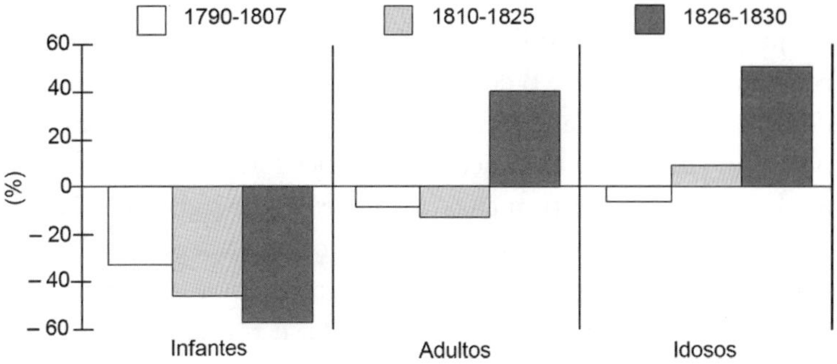

Fonte: Apêndice 18.

Gráfico 29 – Variação dos preços médios das escravas aparentadas em relação às escravas não aparentadas, por grandes faixas etárias (1790-1830)

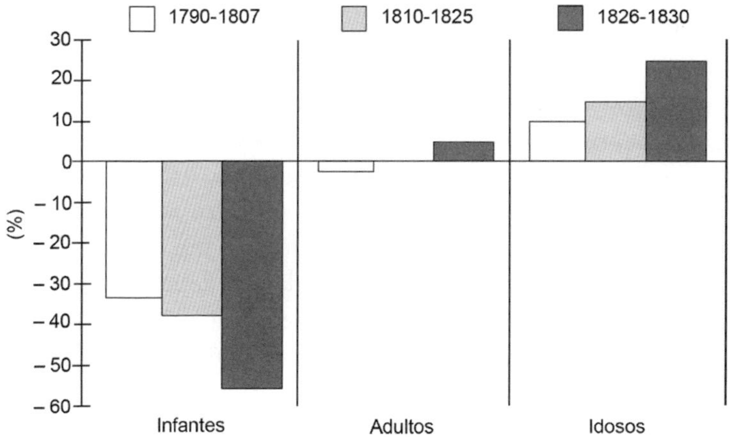

Fonte: Apêndice 18.

* * *

É possível se ter uma ideia muito geral do impacto da desvalorização monetária dos escravos aparentados no âmbito macroeconômico. Para tanto, o ponto de partida serão as informações fornecidas pelo conjunto de inventários ajustados para o período 1790-1807, que, por referenciarem-se à fase B do tráfico, podem indicar os *graus máximos de desvalorização*. Naturalmente, as flutuações de tal desvalorização no âmbito das pequenas, médias e grandes fortunas correspondiam às observadas para as pequenas, médias e grandes faixas de plantéis.

Óbvio é que a envergadura da desvalorização dependia da quantidade de parentes por plantel e do peso do valor dos escravos no *quantum* global de cada fortuna escravista. É razoável esperar, pois, uma alta participação do valor dos cativos nas pequenas fortunas – do que deriva que, mesmo com baixos índices de escravos aparentados, estas pudessem conhecer graus maiores de desvalorização. Também é aceitável que o peso global do valor dos escravos tendesse a baixar nos estratos mais abastados, cujas fortunas seriam mais diversificadas em função da estratégia de acumulação baseada na pulverização dos investimentos, típica das elites coloniais.[1] Contudo, no interior desses estratos, a desvalorização monetária advinda do parentesco seria maior no topo, já que as escravarias das grandes fortunas conheceriam os maiores índices de socialização parental.

Os dados confirmam esse raciocínio e mostram que a desvalorização média global advinda do parentesco girava ao redor de 3% na faixa de menos de nove escravos, chegando a 1% entre os plantéis médios (de dez a dezenove escravos) e a cerca de 1,5% nos de mais de vinte escravos.[2] No geral, independentemente da faixa de tamanho de plantel e, pois, da envergadura da fortuna considerada, a socialização parental promovia a desvalorização média máxima de 1,6% das fortunas rurais possuidoras de escravos.

---

1 Sobre a estratégia de diversificação de investimentos levada a cabo pelas elites coloniais, cf. Fragoso; Florentino, *O arcaísmo como projeto*, *passim*. Somos gratos à professora Maria Luiza Marcílio pelos comentários feitos ao presente capítulo.

2 Cf. Apêndice 19.

A envergadura macroeconômica desse 1,6% de desvalorização das fortunas se esclarece sobretudo quando se considera que variava entre 5% e 10% o lucro líquido médio sobre o capital anualmente investido para a reprodução das *plantations* do Rio de Janeiro e da Bahia coloniais, e até de certas regiões do Caribe.[3] Ora, mesmo sabendo-se que o capital investido na reprodução periódica das fazendas representava em geral uma parte menor do total das fortunas, conclui-se que a desvalorização monetária resultante do parentesco escravo na certa chegava a corresponder a uma parcela substancial daquilo que, em cada ano, uma empresa esperava lucrar.

Por outro lado, estudos recentes mostram que, nas grandes fortunas do Vale do Paraíba fluminense da primeira metade do século XIX, equivalia a cerca de 5% do monte bruto o investimento médio em bens relativos ao padrão de vida (móveis, bens ostentatórios em geral, casas de vivenda etc.).[4] Desse modo, a desvalorização decorrente do parentesco escravo podia girar ao redor de um terço do valor dos recursos que afiançavam o *status* dos indivíduos, isto é, daqueles bens simbólicos fundamentais que serviam para realocá-los na hierarquia de uma sociedade arcaica como a de então.[5]

A cifra de 1,6% é, por conseguinte, contundente do ponto de vista econômico. Porém, é bom ressaltá-lo, ela apenas oferece uma tênue ideia da envergadura da desvalorização monetária da riqueza escravista promovida pelo parentesco de primeiro grau, não medindo jamais a renda política que os senhores auferiram por meio da pacificação parental. Na verdade, tal renda nunca poderá ser mensurada, posto que ela implicava a acumulação de poder no sentido mais amplo, isto é, material e simbólico.

---

3 Cardoso, *Escravo ou camponês*, p.18-9; cf. tb. Fragoso, *Sistemas agrários de Paraíba do Sul, 1850-1920*, *passim*.

4 Cf. Fragoso, *Homens de grossa aventura*, *passim*.

5 Sobre o ideal aristocratizante da sociedade colonial brasileira, cf. Fragoso; Florentino, *O arcaísmo como projeto*, *passim*. Para análises contundentes e de certo modo generalizantes sobre o papel do *status* em sociedades arcaicas, ver Bourdieu, *Le sens pratique*; Elias, *A sociedade da corte*; e Dumont, *Homo hierarchicus*.

Conclusão

Joaquim Nabuco achava que a escravidão existia pela capacidade de infundir o terror no espírito do escravo. Não se enganava, mas variadas eram as sementes que ela procurava plantar na alma do cativo. Talvez a mais peçonhenta tenha sido a da discórdia.

A escravidão instaurava um cenário de permanente tensão entre os escravos, a começar pela característica escassez de mulheres. O desequilíbrio entre os sexos não era tudo; o tráfico transatlântico que o alimentava também lançava nas senzalas turmas e mais turmas de estrangeiros, os chamados "negros novos". Estrangeiros em relação à sociedade luso-americana, e, por vezes, estrangeiros entre si. É verdade que a quase totalidade dos cativos africanos trazidos para o Sudeste do Brasil, entre 1790 e 1830, pertencia a sociedades falantes de língua banto, arrancada das áreas congo-angolana e de Moçambique e portadora de certa homogeneidade cultural. Os limites dessa homogeneidade, no entanto, são apenas imprecisamente conhecidos. Se Moses Finley tem razão, se para haver escravidão é preciso o estrangeiro, tais limites não parecem ter sido demasiadamente amplos. É o que indica a exploração escravista existente nessas regiões da África àquela época.

Os escravos estavam sempre diante de ao menos dois desafios. O mais estudado tem sido o medo do senhor, aludido por Nabuco. Tudo indica que buscaram empatar a guerra açulando o temor na alma dos próprios senhores. Menos conhecidos são os expedientes de que se valeram para transformar a perspectiva da discórdia em solidariedade e, assim, sobreviverem. Era um desafio e tanto. O caráter estrutural do tráfico transatlântico não estava apenas em saciar a flutuante fome de mão de obra das fazendas, mas também em tornar frágeis as estratégias escravas destinadas a regrar a vida da comunidade em bases cooperativas. Dependendo da intensidade dos desembarques de africanos, podia ser como ter que renomear o mundo todos os dias. Esse foi muitas vezes o destino dos escravos.

É claro que ao criarem parte das regras sob as quais viveram cativos, estavam igualmente a se fazer escravos. Não os dos sonhos do senhor, evidentemente, mas era apenas enquanto trabalhadores escravizados que podiam buscar conferir uma certa ordem à vida. (Eles tinham a régua, mas o compasso era do senhor.) E nem todos eram feitos do mesmo barro, por certo: Antonil conheceu escravos que tristes chegavam e calados morriam, e outros que logo encontravam jeito de levar a vida. Essa compreensão falta aos estudos que situam, ao exagero, na vontade senhorial o devir da história da escravidão.

A disponibilidade de mão de obra permitida pelo tráfico sem dúvida explica a arrogância do senhor, se for lícito o eufemismo para aludir ao tratamento cruel e violento conferido aos escravos; mas o poder dele, sozinho, não dá conta da permanência da escravidão vivida. A violência nua e crua seria condição suficiente à obtenção da obediência dos cativos apenas se deles subtraísse todo e qualquer resquício da vontade – isto é, se findasse por roubar a humanidade a todos e a cada um. Objetivo insano e nem sequer procurado, na realidade: do que precisava a escravidão era justamente da humanidade do escravo; do contrário, bastariam bois e cavalos. A violência sob uma forma paternalista tampouco era suficiente. Aliás, não devia ser muito fácil fingir-se *pater* em meio a uma escravaria em permanente processo de renovação, de *estrangeirização*. Como submeter pela artimanha a quem se desconhece?, eis o problema. A verdade é que não estava à disposição do senhor a prerrogativa de, exclusivamente, regrar a vida dos escravos. Podia exigir o seu trabalho, disciplina e obediência; ensinar-lhes a baixar a cabeça ante o olhar que submetia; esperar que todas as manhãs, e ao final de cada dia, lhe fossem pedir a bênção; confiar em que se acostumassem a louvar a Deus e a Seu filho feito homem, Jesus. Mas não podia prescindir da engenhosidade do cativo no esforço de fazer da escravaria um plantel razoavelmente ordenado, em vez de uma horda de indomesticados, algo impensável.

Possivelmente jamais chegaremos a conhecer a maioria das práticas inventadas pelos escravos com a finalidade de fazer aliados ali onde eles não necessariamente existiam. Pertencem àquela ordem de coisas que as fontes deixadas pelos senhores relutam em revelar. É certo que fontes relutantes geralmente dizem mais do ouvido do pesquisador do que de silêncios intrínsecos, mas, no caso, talvez seja justo indagar se tais práticas não eram mesmo de molde a deixar poucos vestígios, uma vez que, quem sabe, fossem como que segredos escravos. Afinal, a busca do entendimento entre eles se fazia com o propósito de enfrentar o senhor.

A paz entre os escravos precedia os enfrentamentos com o senhor, ao menos aqueles em que eles tivessem alguma chance de sucesso. E sucesso, naquela sociedade incrivelmente injusta, não precisava ser tanta coisa. Comida, descanso, um pouco de sossego e, se possível, roçados, alguns dias livres, divertimentos e famílias. Uma estratégia para fazer aliados era fazer parentes. De muitas maneiras se devia fazer um parente, no tempo da escravidão. Não é preciso recorrer a uma infausta digressão sobre o conceito para concluir que, no que diz respeito às relações parentais como expressão de uma aliança política (política e afeto geralmente andam juntos, pois não?), a inventividade dos escravos deve ter sido muito solicitada. Os inventários *post-mortem,* base da reflexão que ora se encerra, informam dos laços parentais surgidos por ocasião dos nascimentos e do casamento católico dos escravos – vale dizer, da criação de famílias cativas.

Pelo casamento e, antes ou depois, por meio do nascimento de uma criança escrava, vários indivíduos criavam ou estreitavam laços que, nas difíceis circunstâncias da vida em escravidão, eram laços de aliança. A mãe e o pai da "cria" (como aparecem nas fontes) viam reafirmado o propósito comum de juntar suas forças de modo a melhor viver a vida possível. Ambos arrumavam um compadre e, muitas vezes, uma comadre. E, talvez, cunhados, cunhadas, sogros e sogras. E se a criança, o que não era fácil, sobrevivesse até a idade de procriar, muito mais alargada ainda seria essa rede de laços de solidariedade e aliança.

Parece óbvio que a criação de laços parentais fosse desejo de todos os escravos. Nossa convicção acerca do seu valor para a vida no cativeiro levou-nos a aventar a hipótese de que os escravos buscavam procriar, ao contrário do que afirmam alguns, e, aparentemente, recomendavam os rigores da escravidão. Encontramos números que interpretamos como uma tentativa da mulher escrava em potencializar a sua capacidade procriativa. Não nos iludimos acerca da fragilidade deles, nem da dos números em geral, aliás. Esta é uma hipótese à procura de comprovação. No entanto, se estiver correta, em nada contribui para adoçar o veneno. Se os escravos almejavam incrementar a procriação, isso, por si, não indica uma existência menos árdua, nem um caráter mais ameno da escravidão. Ao contrário, até, se tal ainda for possível. A urgência da procriação mostrou-se incapaz de reverter a absoluta dependência da escravidão para com o tráfico atlântico. Afinal, foram tendencialmente crescentes as médias anuais de entradas de africanos entre 1550 e 1850, o que culminou com a absorção, pelos portos brasileiros, de cerca de 40% de todos os africanos desembarcados nas Américas.[1] Mesmo considerando as altas taxas de manumissões, é-nos fácil entrever algo tão brutal quanto corriqueiro nas descrições sobre a escravidão: a alta mortalidade que devastava os plantéis. No entanto, em si mesma, essa banalização da morte diz muito pouco sobre as práticas que, forjadas pelos escravos, lhes permitiram viver sob as agruras do cativeiro. A pesquisa que ora se conclui buscou conhecer normas e regras escravas pelo estudo de alguns de seus efeitos, expressos em determinados padrões demográficos.

A demografia da escravidão não é efeito exclusivo da lógica econômica da empresa escravista, nem existe descolada da pessoa do escravo. É, antes, um cenário conflitivo por definição, espaço onde estratégias se delineiam e fazem conhecer melhor a escravidão. Eis o que tornava a constituição de relações parentais em geral, e familiares

---

1 Curtin, *The Atlantic Slave Trade*; Merrick; Graham, *População e desenvolvimento econômico no Brasil*.

em particular, estratégias políticas por excelência, voltadas à pacificação da escravaria. Pacificando, organizando a vida no cativeiro, a família amainava os enfrentamentos entre os cativos. O parentesco era a outra face do *nós* escravo. A pacificação e a organização parental eram importantes também ao próprio sistema. Sem se constituir em instrumento direto de controle senhorial, a família escrava funcionava como elemento de estabilização social, ao permitir ao senhor auferir uma renda política.

Nossa argumentação diz respeito à escravidão mercantil ou, caso se queira, a uma estrutura duplamente voltada para o mercado: numa ponta, produzindo valores de troca e, para tanto, noutra, comprando estrangeiros majoritariamente adultos e do sexo masculino. Pensa-se, naturalmente, no escravismo das áreas rurais mais integradas ao mercado internacional que, ávidas por braços, transformavam o tráfico atlântico em condição para a sua reiteração temporal. Era nelas que mais se expunha o parentesco escravo e suas práticas constitutivas às pressões geradas pelas duas conjunturas incessantemente alternantes do comércio negreiro: as de estabilidade ou mesmo de queda dos desembarques, e as de incremento das importações de africanos. Segundo uma ou outra, variavam os índices etário-sexuais da população escrava e, com eles, as condições de possibilidade de constituir famílias. É possível que, com a maturidade da escravidão negra entre nós, desde o século XVII, parentesco e tráfico tenham passado a interagir de acordo com padrões semelhantes aos detectados ao longo deste livro, sobretudo nas *plantations* e suas fornecedoras.

Meio do fim político da pacificação, a lógica de reprodução da família escrava era, a um só tempo, expansiva e aglutinante. Tendia a incorporar pai, mãe e filhos (o núcleo primário fundador), mas também tios, primos e avós. Seus limites eram, no sentido vertical, as três gerações que se estendiam dos avós aos netos, incluindo horizontalmente até os primos. Talvez fosse esta a família do desejo de todos os escravos, a que, segundo certas circunstâncias, aflorava e mais profundamente fincava raízes.

Diversas eram as práticas que permitiam à família fazer-se e refazer--se em meio a mutantes quantidades de homens, mulheres, crianças, adultos e velhos. Em momentos de estabilidade do tráfico, assumiam configurações peculiares. Já era ampla a capacidade reprodutiva da mulher escrava, alcançada mediante a precoce maternidade e o alongamento da idade em que concebia pela última vez. A reprodução entre os escravos, todavia, não ocorria ao descompasso de regras que expressavam a vontade da comunidade. E essa vontade tinha uma idade, avançada, e um sexo, masculino. Isso não significa que as mulheres não tivessem lá os seus desejos, evidentemente. Mas até por serem minoritárias na escravaria, deviam contar menos. Por outro lado, nada indica que fossem vontades diferentes.

Os cativos mais velhos, os mais curtidos pela escravidão, constituíam um poder que ordenava a vida da comunidade – isto é, eram reconhecidos pelos demais escravos como tal. A singular posição que ocupavam no mercado matrimonial sugere isso. Eles exerciam uma espécie de monopólio sobre as mulheres mais jovens, como se observa pela confrontação das idades dos cônjuges. Africano ou crioulo, não importa, quanto mais velho o cativo, maior a diferença etária entre ele e sua esposa – escolhida quase sempre, aliás, entre as mais jovens. Os rapazes costumavam casar com escravas bem mais velhas. Essa distribuição, num contexto de escassez de mulheres, revela um domínio sobre o mercado matrimonial. De algum modo, eles detinham o controle da circulação de mulheres jovens.

Sabe-se pouco sobre esse domínio. Há nele, por certo, muito de reiteração de um padrão cultural africano. Entre os suazis do sul da África, por exemplo, até os dias atuais o direito consuetudinário dá ao homem a condição de guardião supremo da mulher, e ele é considerado o seu dono (*umnikati*).[2] O lugar de respeito dispensado à pessoa dos idosos na África, por outro lado, é bem conhecido. O domínio era feito de reiterações, mas também de invenção. No Brasil, o poder dos mais velhos era, ainda, uma solução ao maior problema colocado

2 Kuper, "Kinship Among the Swazi", in: Radcliffe-Brown; Forde, *African Systems of Kinship and Marriage*, p.97; cf. Rachewiltz, *Black Eros*.

aos escravos: a ameaça da ausência de regras minimamente aceitáveis dirigidas à organização da comunidade. A paz não precisa ser justa, nunca. Aquela, no entanto, talvez não fosse das mais injustas. Os escravos mais velhos, sabendo-se mortais, possuíam lá suas razões para pedir paciência aos garotos.

Apenas o tempo pode dar luz à regra. É preciso que os homens se habituem a agir de determinada maneira, criem hábitos, para que se possa encontrá-la. Em fases de poucos desembarques de africanos isso era possível. É justo imaginar que o tempo corria mais devagar para os escravos. Dava tempo até de ir à igreja mais próxima e sancionar socialmente uma ligação afetiva de grande significado político. Nessas épocas, predominavam as famílias formadas por casais, com ou sem filhos, socialmente confirmadas pelo matrimônio católico. E havia até aquelas nas quais se juntavam avós, filhos e netos, o que indica algo de sua estabilidade no tempo.

O casamento religioso era conveniente aos escravos. O deus dos católicos não aprovava a separação de casais e, de fato, eram minoritárias as famílias cindidas quando da partilha de uma herança. A respeitabilidade conferida pelo sacramento católico ajuda a compreender a disposição com que os falantes bantos puseram-se a frequentar e ressignificar o culto católico.[3] O casamento entre os cativos também era conveniente ao senhor: os casais tinham menos motivos de queixa, naquelas circunstâncias. O tempo que permitia a cristalização do poder dos homens mais velhos era o mesmo que permitia a escravos e senhores convergirem suas vontades para o púlpito.

Mas não se pense que tudo era paz naquela comunidade. Na realidade, eram precários os acordos, apesar do esforço dos homens mais velhos. Crioulos e africanos acalentavam entre si muitas desconfianças, reveladas na frequência com que casavam entre si: apenas dois entre cada dez dos casais existentes. Isso, por certo, desvela algo das dificuldades com que tinham de lidar os escravos, ante a urgência de fazer aliados, e diz muito do sucesso da escravidão, bem como da importância

3 Slenes, "*Malungu, ngoma* vem!", *Revista USP*, n.12, p.48-67, 1991/1992; cf. tb. Karasch, *Slave life in Rio de Janeiro, 1808-50*.

da palavra dos negros mais velhos na comunidade. A endogamia por naturalidade, como norma, confere um dos limites do poder organizador criado pela comunidade escrava e encarnado nos cativos mais velhos. Limites estreitos – a escravidão era muito sovina, afinal.

A escravidão só podia se recriar no tempo, de forma tão previsível, se estivesse sempre a enfraquecer o pouco poder conseguido e amealhado pelo escravo. O tráfico cumpria esse papel. Ao azeitar-se, ele punha em xeque as regras arduamente construídas pelos cativos, obrigando-os a refazê-las mais uma vez. Chamamos a isso de renomear o mundo. É mais difícil encontrar provas do poder dos mais velhos por ocasião do crescimento do tráfico, pois crioulos e africanos passavam a casar entre si menos frequentemente ainda e a sanção religiosa faltava à maior parte dos casais. As famílias eram menos estáveis.

No entanto, se nem tudo era paz quando havia tempo, nem tudo era guerra em tempos de grandes desembarques. Indícios disso, possivelmente, são o aumento dos casamentos que reuniam africanos de etnias diferentes – misturando, mesclando e aplainando dissimilitudes culturais, criando escravos – e a maior ampliação do período procriativo da mulher escrava, ensejando novas oportunidades de se fazer a paz, pelo parentesco.

O passado nem sempre deixa marcas muito claras, mesmo se atentamente observado. É mais difícil conhecer as soluções encontradas pelos cativos quando o tempo da comunidade acelerava. A existência delas, contudo, nos é assegurada pelo nosso próprio presente, repleto do legado de sucessivas gerações de escravos. O incessante, senão crescente, medo dos senhores de seus escravos é outra prova. Uma última é mais cruel: à escravidão apenas importava ferir a humanidade do cativo o suficiente para conservá-lo escravo, mais que isso era tolice. Se fosse gente, compreenderia a sura do Corão com que se iniciou este livro: "Deus só imporá a cada alma o que ela puder suportar".

APÊNDICES

Apêndice 1 – Apelação-crime. Apelante: o juízo; Apelado: Marcelino Francisco Inácio (cidade de Campos, 1848). Extratos

Ano do Nascimento de Nosso Senhor Jesus Cristo de 1847, aos três dias do mês de agosto do dito ano, nesta cidade de Campos, em meu cartório autuo um processo-crime de denúncia intentado por Manuel Antônio da Costa contra Marcelino, crioulo forro, réu preso, e pronunciado pelo subdelegado de polícia da freguesia desta cidade, que me foram remetidos [*sic*] pelo escrivão respectivo para serem apresentados ao Tribunal do Júri desta cidade na sua primeira reunião a fim de ser o réu julgado [...]

José Diogo de Freitas, escrivão privativo do júri.

Ilmo. Sr. subdelegado de polícia desta cidade

Diz Manuel Antônio da Costa que ele suplicante vem apresentar a V. Sa. uma denúncia contra o preto liberto Marcelino, que se acha preso na cadeia desta cidade, por ter este perpetrado o crime mais horroroso que se pode imaginar, e que o suplicante passa a relatar. Sendo aquele preto Marcelino e seus dois filhos Josino e Paulina pertencentes ao casal do falecido capitão Manuel Antônio Barroso, de quem o suplicante como filho é co-herdeiro, ocorreu que na partilha desse casal aquele Marcelino foi liberto por um dos interessados, ao mesmo tempo que aqueles dois filhos foram lançados ao suplicante. Ora acontece, que achando-se [*sic*] o suplicante na posse daqueles seus dois escravos, dos quais o primeiro de nome Josino teria a idade de sete anos, e a de nome Paulina a de seis anos, e que estando aquele Marcelino pai dos mesmos morando na fazenda de Curral Falso pertencente a Bento Antunes Barroso, como herdeiro daquele falecido, e portanto em distância de quase meia légua da fazenda chamada de Partido pertencente ao suplicante, no dia trinta do próximo findo mês de junho foi aquele Marcelino àquela fazenda do suplicante seria meio-dia pouco mais ou menos, e conservando-se atrás de uma barda mandou por um moleque chamado Miguel, escravo do suplicante, chamar aqueles Josino e Paulina, seus filhos, para lhe tomar a bênção; em consequência do que estes desgraçados inocentes atraídos pelo amor filial acudiram ao chamado e foram para o lugar onde se achava aquele pai, ou antes, aquele monstro, que os conduziu para umas roças velhas da mesma fazenda, não para saciar saudades, que porventura tivesse dos filhos, mas para cometer nestes o mais horroroso assassinato, pois que aí com uma faca, que ao depois lhe foi achada inda ensanguentada, os matou, e depois de mortos os ocultou em uma capoeira. O suplicante, Ilmo. Sr., estando neste dia ausente de sua dita fazenda, tinha deixado o cuidado desta a um seu cunhado de nome José Alves de Araújo, o qual dando à tarde por falta daqueles inocentes, depois de os haver procurado em toda a fazenda, soube então por meio daquele moleque Miguel que o dito Marcelino ao meio-dia os tinha vindo chamar para lançar-lhes sua bênção, e foi então que o dito cunhado do suplicante mandou uns quatro escravos até a casa do mesmo Marcelino para verem se aí estavam aqueles filhos deste; mas chegando os mesmos escravos aí, e perguntando, respondeu-lhes o suplicado Marcelino que os ditos seus filhos ali não estavam, mas logo que os mesmos escravos voltaram, foi quando o suplicado chamou em particular a um deles de nome Domingos (em quem sem dúvida por qualquer motivo confiava) e lhe comunicou que ele tinha morto os filhos, apontou-lhe o lugar onde estes se achavam mortos, e pedindo-lhe que os enterrasse, recomendou-lhe ao mesmo tempo muito segredo; de maneira que indo-se ao dito lugar aí foram encontrados mortos aqueles dois inocentes, assassinados por seu próprio pai, segundo este confessou ao dito escravo Domingos, como fica dito, também perante aquele Bento Antunes Barroso, Domingos Gomes Leite, Manuel Batista, Francisco Paz, o inspetor de quarteirão Manuel José Alves, Bernardino Gomes Barreto, Manuel Pereira de Souza e José Manhães, na ocasião em que o mesmo suplicado foi preso. E pois que semelhante procedimento constitui o crime de homicídio, qualificado no art. 192 com as circunstâncias agravantes do art. 16 n.1, 4, 6, 8, 9, 10, 15 do Código Criminal, por isso o suplicante vem denunciar ao suplicado pai bárbaro, e requer que tomado o [juramento] de sua denúncia se inquiram aquelas testemunhas acima apontadas, para que provado o quanto baste, seja o mesmo suplicado pronunciado à prisão e [livramento] como incurso naquele crime e suas circunstâncias devendo V. Sa. para base do processo mandar juntar a esta o Corpo de Delito existente neste juízo [...]

O escrivão deste juízo Euzébio Ildefonso Barroso, dirigindo-se à cadeia desta cidade onde se acha preso o crioulo forro Marcelino e sendo aí, faça ver ao mesmo que o motivo da sua prisão foi em consequência de haver assassinado dois menores seus filhos segundo me foi comunicado pelo inspetor de quarteirão Manuel José Alves, encarregado da mesma prisão: outrossim recomende-o ao carcereiro para que o conserve na prisão em que se acha: o que cumpra. Campos, dois de julho de 1847. Cândido Manuel de Oliveira Dias, subdelegado desta freguesia [...]

(Auto de exame de Corpo de Delito)

Ano do Nascimento de Nosso Senhor Jesus Cristo de 1847, ao primeiro dia do mês de julho do dito ano, nesta cidade de Campos dos Goitacazes, na fazenda denominada Partido, onde foi vindo o subdelegado desta freguesia [...] aí presentes os professores de saúde os cidadãos Felicíssimo Antônio da Gama e José Caetano de Carvalho Salzedas [...] declararam achar nas capoeiras do Balbino, na mesma fazenda do Partido, os dois cadáveres dos menores já mencionados deitados ambos no chão com os lados direitos para a terra, encostados um ao outro com os braços dobrados sobre si mesmos; e que examinando os mencionados cadáveres [encontrou] no [de] Josino uma ferida perpendicular em cima da borda superior da clavícula de extensão de uma polegada, que partia transversalmente a carótida externa e foi ao coração; encontraram no cadáver de Paulina [uma ferida] a uma polegada acima da clavícula do lado esquerdo, que partiu também a carótida externa penetrante ao peito, tendo de extensão uma polegada; e examinando os corpos de ambos os cadáveres não acharam contusões nem ferimentos; cujos ferimentos já mencionados mostram ter sido feitos por instrumento cortante e perfurante; cujos ferimentos foram mais que suficientes para produzir a morte instantânea; e mais não declararam [...]

(Inquirição no momento do Corpo de Delito)

[...] Estando presente José Alves de Araújo, irmão do senhor dos mencionados menores, o subdelegado lhe perguntou quem tinha morto aqueles menores e que declarasse todas as circunstâncias que a respeito soubesse, visto não achar-se [*sic*] em casa seu mano dito Manuel Antônio da Costa. Respondeu que ontem, trinta de junho, desapareceram da fazenda aqueles menores, e que sendo cinco horas da tarde mandaram procurá-los, mas que não os encontraram; porém souberam por um escravo que Marcelino de tal, crioulo forro que também foi escravo da fazenda e que é pai dos ditos menores, viera aqui à fazenda como era de costume visitar os filhos, e que os chamara; em consequência dessa informação, mandaram à fazenda de Bento Antunes Barroso no Curral Falso, onde reside o mesmo Marcelino, a ver se este com efeito teria levado as crianças consigo; e indo um escravo com essa incumbência já de noite, encontrou com aquele Marcelino no caminho, o qual declarou ao mesmo escravo que ele havia morto seus filhos e que os tinha *posto* na capoeira do Albino, indicando até o lugar do sacrifício, pedindo ao mesmo escravo nada revelasse e que os mandasse enterrar. Declarou mais que lhe contara que o instrumento com que se havia perpetrado o delito existia na senzala onde residia o mesmo Marcelino. E mais não declarou [...]

* * *

(Termo de achada)

Ao primeiro dia do mês de julho de 1847, nesta cidade de Campos dos Goitacazes, no lugar do Curral Falso, na fazenda de Bento Antunes Barroso onde foi vindo o subdelegado desta freguesia, o cidadão Cândido Manuel de Oliveira Dias, comigo escrivão de seu cargo e sendo aí o mesmo Bento Antunes Barroso pelo dito subdelegado lhe foi declarado que tendo vindo à fazenda denominada Partido a fim de proceder a Corpo de Delito nos cadáveres de dois menores pertencentes àquela fazenda, fora ali informado [de] que o agressor do atentado fora preso nesta fazenda do Curral Falso onde residia; e que o instrumento do qual se tinha servido para perpetrá-lo existia na casa ou senzala onde o mesmo agressor habitava conjuntamente com sua mulher, e mãe; e que nestes termos vinha proceder a uma busca (caso fosse necessário) na referida casa, a ver se se encontrava o mencionado instrumento. Pelo mesmo Bento Antunes Barroso foi dito que desnecessário se tornava uma tal busca, pois que ele estando bem informado do fato, pois que até fora quem promovera a prisão do agressor, se tinha também informado [por meio] da mãe do mesmo agressor de [que] seu filho, no dia quarta-feira em que teve lugar o delito, saíra armado ou não, ao que lhe respondeu a mesma velha mãe que seu filho tinha dois facões de roça, um maior e outro menor, e com este último é que tinha saído na quarta-feira como fazia sempre; à vista disto ele Bento exigiu dela o dito facão e o guardou para entregá-lo à Justiça. E neste mesmo ato foi por ele apresentado o mesmo facão do qual tomou conta o mesmo subdelegado. E para constar [...]

Ilmo. Sr. subdelegado de polícia, escrito abaixo.

Participo a V. Sa. que fiz recolher hoje pelas quatro horas da manhã à cadeia desta cidade à ordem de V. Sa. o crioulo forro de nome Marcelino, que foi conduzido à minha casa ontem pela meia-noite pelo cidadão Bento Antunes Barroso e escravos do mesmo, para que eu tomasse conta do dito crioulo Marcelino, pois que tinha chegado ao seu conhecimento que o mesmo tinha assassinado dois filhos que tinha, os quais eram escravos de Manuel Antônio da Costa [...] Manuel José Alves, Quarteirão n.39 da freguesia de S. Salvador da cidade de Campos, primeiro de julho de 1847.

* * *

(Interrogatório ao preso Marcelino crioulo forro)

Ano do Nascimento de Nosso Senhor Jesus Cristo de 1847, aos dois dias do mês de julho [...] nas cadeias da mesma cidade onde foi vindo o subdelegado Cândido Manuel de Oliveira Dias, e sendo aí, mandou vir à sua presença o preso Marcelino crioulo forro e lhe fez as perguntas seguintes. Perguntou-lhe seu nome, idade, estado, profissão e lugar de nascimento; respondeu chamar-se Marcelino, é casado, vive de trabalhar na roça e quanto à idade respondeu que não sabia, é brasileiro nascido nesta cidade no lugar do Partido. Foi mais perguntado se tinha filhos; respondeu que tinha quatro, dois que se acham mortos e dois vivos, sendo de diferentes sexos um casal vivo e outro morto, cujos nomes são Paulina, Josino, José e Luzia. Foi mais perguntado se esses filhos eram escravos ou forros; respondeu que Luzia era forra mas que os outros eram escravos de Manuel Antônio da Costa, dono da fazenda do Partido. Foi mais perguntado quais eram os filhos que tinham morrido e quando é que tinham morrido; respondeu que eram os de nome Josino e Paulina, mas que não sabia em que dia é que eles morreram. Foi mais perguntado se no dia quarta-feira trinta do corrente ele interrogado não fora à fazenda do Partido ao meio-dia e aí mandara chamar aqueles filhos, Josino e Paulina, para lhe tomar as bênçãos; respondeu que sim, que os mandara chamar por um moleque da mesma fazenda de nome Miguel, o qual os levou onde ele interrogado se achava. Foi mais perguntado se ele interrogado não encontrou com uns pretos da fazenda do Partido que andavam pelos aceiros em procura daqueles menores Josino e Paulina que tinham desaparecido da fazenda, cuja busca era já de noite; respondeu que não os encontrou e que só vira irem os pretos Domingos, Aleixo, Adriano e Benedito à fazenda do Curral Falso de Bento Antunes Barroso às oito horas da noite em procura das crianças; e perguntaram a ele interrogado se elas estavam em sua companhia, ao que ele respondeu que não. Foi mais perguntado se ele interrogado não dissera ao preto Domingos que ele interrogado tinha morto seus filhos, e que os tinha posto na capoeira do Balbino, e que os não procurasse mais, que os fosse enterrar e guardasse segredo; respondeu que nada disso se passou e que se aquele Domingos isso falou foi por não gostar dele interrogado. Foi mais perguntado se ele interrogado quando o prenderam não declarou em presença das pessoas que o prenderam quando lhe perguntaram qual o motivo por que tinha morto seus filhos, se não respondeu que fora por não vê-los [*sic*] cativos; respondeu que não fez tal declaração. Foi mais perguntado se quando foram prender ele interrogado estava dormindo ou acordado; respondeu que estava dormindo. E nada mais lhe foi perguntado visto que negou todas as mais circunstâncias [...] Neste mesmo ato lhe foi perguntado se ele interrogado não tinha ódio por ver seus filhos escravos sendo ele livre; respondeu que não, que antes tem disto satisfação. Foi mais perguntado se ele não tem pesar ou remorso de ver seus filhos mortos de uma maneira tão atroz; respondeu que tem sentimentos pois que sempre eram seus filhos. Foi-lhe presente um instrumento, um facão, e perguntado se o conhecia; respondeu que sim. Foi mais perguntado de que estava ele ensanguentado; respondeu que tinha servido para matar alguns bacorinhos. Foi mais perguntado se tinha andado com o mesmo facão, se era seu; respondeu que naquele dia quarta-feira não tinha andado com ele, e que o mesmo facão era seu. E mais não lhe foi perguntado e para constar [...]

(Auto de perguntas feitas aos escravos da fazenda do Partido, Domingos e Miguel)

Ano do Nascimento de Nosso Senhor Jesus Cristo de 1847, aos três dias do mês de julho do dito ano, nesta cidade de Campos dos Goitacazes, nas cadeias públicas dela onde foi vindo o subdelegado [...] e sendo aí presentes os pretos Domingos e Miguel, ambos escravos da fazenda do Partido, o mesmo subdelegado fez ao primeiro as perguntas seguintes. Perguntou-lhe o seu nome e de quem era escravo; respondeu chamar-se Domingos de nação Congo e que era escravo de José Vieira Armond, senhor da fazenda do Partido; é casado. Foi mais perguntado se conhecia o crioulo Marcelino que fora escravo da fazenda do Partido e que hoje é forro; respondeu que conhecia. Foi mais perguntado se não sabia que na mesma fazenda do Partido se perpetraram dois assassínios em duas crianças menores no dia quarta-feira trinta do corrente e se sabia quem fora o agressor de semelhante atentado; respondeu que sabia desses assassínios cometidos nas pessoas de duas crianças menores, os quais tiveram lugar na quarta-feira desta mesma semana, e que também sabia quem as havia morto, pois que andando ele respondente conjuntamente com outros seus parceiros em procura das mesmas crianças, por mandado de seu senhor, naquele mesmo dia quarta-feira, dirigindo-se ele respondente com os demais parceiros pelos aceiros em procura das mesmas, encontrou com Marcelino crioulo forro e que foi escravo da casa de seu senhor, e este perguntou a ele respondente (quando vinham de volta) o que é que andavam fazendo, ao que ele respondente lhe disse que andavam em procura dos filhos dele Marcelino que tinham desaparecido; foi então que o mesmo Marcelino chamou a ele respondente de parte e lhe disse que lhe queria comunicar um segredo; ele respondente a isso se prestou, e o dito Marcelino então lhe disse que não procurasse mais as crianças pois que estas estavam mortas, que ele Marcelino as tinha morto com um facão e que as tinha depositado no lugar que se denomina roça do senhor Xico, outros chamam roça do Balbino, acrescentando o mesmo Marcelino que as tinha morto, por não ver seus filhos na escravidão em poder do senhor moço Manuel, e que lhe pedia encarecidamente que as enterrasse e que guardasse muito segredo, certo de que ele Marcelino lhe daria uma molhadura. Declarou mais que esta entrevista teve lugar em uma das roças da fazenda do Curral Falso que se denomina a roça do Quigombô, junto a uma baixada perto de uma estiva, e que os companheiros que iam com ele respondente de nome Benedito, Manuel de Jesus e Matias, também presenciaram quando aquele Marcelino chamou a ele respondente de parte para fazer a comunicação que acabou de expor, e quando ele respondente concluiu a conversação que tivera e voltou para onde os mais estavam, estes instaram com ele respondente para que lhes contasse o que acabara de falar com o mesmo Marcelino, ao que ele respondente não anuiu, dizendo-lhes que quando chegassem em casa eles o saberiam. Voltaram com efeito para casa e foram dar parte do ocorrido ao seu senhor nosso de nome José, e ao administrador da fazenda de nome Manuel Batista, e estes chamaram mais gente e dirigiram-se ao Curral Falso na fazenda de Bento Antunes Barroso, a quem também deram parte do acontecido; este imediatamente se dirigiu à casa onde residia o mesmo Marcelino, acompanhado de seu compadre Domingos Gomes Leite e dos mais que lhes tinham ido dar parte, cercaram a dita casa e prenderam ao mesmo Marcelino, ao qual aquele Bento lhe perguntou se ele com efeito é que tinha morto a seus dois filhos; e ele lhe respondeu: matei sim senhor, matei-os com um facão; à vista desta resposta, ele Bento mandou-o preso para a casa do inspetor de quarteirão de nome Manuel José; quando aí chegaram, o mesmo inspetor, tendo sido informado do fato, de novo perguntou ao preso se ele é que tinha morto seus filhos, ao que ele preso com o mesmo sangue-frio afirmou do mesmo modo que tinha afirmado a aquele Bento. Depois de terem deixado o preso em poder do inspetor de quarteirão, voltaram cada um para suas casas; e no outro dia pela manhã é que foram ao lugar indicado pelo mesmo Marcelino na noite precedente e encontraram o cadáver das duas crianças; acrescentando que não se foi procurar os mesmos cadáveres depois da prisão daquele Marcelino, por ser já bastante tarde. Foi mais perguntado se ele depoente tinha alguma indisposição com aquele Marcelino, se era ou não seu inimigo; respondeu que nenhuma indisposição tinha com ele, nem era seu inimigo, que ao contrário sempre se deram muito. Neste ato o mesmo subdelegado ordenou ficassem concluídas as perguntas a respeito deste escravo, e que quanto ao outro ficariam adiadas para segunda-feira cinco do corrente, e isto em consequência de ser já um pouco tarde [...]

(Acareação)

Aos cinco dias do mês de julho de 1847 [...] foi vindo o subdelegado [...] aí presentes os pretos Domingos e Miguel [...] mandou vir a sua presença o preso Marcelino crioulo forro, à vista do qual mandou o mesmo subdelegado fazer a leitura das perguntas feitas àquele Domingos em o dia três do corrente; finda ela, o mesmo subdelegado perguntou ao mesmo preso se eram exatas as informações que acabava de ouvir ler e por ele foi respondido que eram verdadeiras, porém que o tinha feito por se achar bastante bêbado naquele dia, pois se assim não fora não praticaria um tão horrendo atentado. Foi mais perguntado se se lembrava quem eram os outros escravos que iam em companhia de Domingos quando ele respondente o chamou de parte a fim de fazer-lhe a declaração que acabou de dizer ser verdadeira; respondeu que viu um grupo de pessoas que não pôde reconhecer quem eles eram por se achar a noite bastante escura, e que só Domingos é que conheceu pela fala e foi então que o chamou e pediu-lhe o que já se acha referido pelo mesmo Domingos; mas que não se lembra do lugar onde houve a entrevista. Foi mais perguntado se lembra quais as pessoas que o foram prender, e a que horas o prenderam; respondeu que se lembra ter visto na ocasião que o prenderam ao mesmo Domingos, Aleixo, Adriano, Antônio pequeno, Manuel Batista (administrador) e o senhor moço Bento, e que quanto à hora supunha ser meia-noite pouco mais ou menos. Foi mais perguntado que horas seriam quando ele respondente chamou ao Domingos para lhe fazer aquela declaração que pelo mesmo foi referida; respondeu que haviam [de] ser oito horas da noite pouco mais ou menos. Foi mais perguntado se naquela ocasião em que diz falara com Domingos inda levava o facão com o qual havia cometido o crime ou se o deixara em casa; respondeu que não levava consigo arma nenhuma, que o facão tinha ficado em casa, mas não sabe [ao] certo o lugar onde tinha posto.

(Interrogatório do moleque Miguel)

Neste mesmo ato mandou o subdelegado vir a sua presença o moleque de nome Miguel e lhe fez as perguntas seguintes. Perguntou-lhe seu nome, idade e de quem era escravo; respondeu chamar-se Miguel crioulo, escravo de Manuel Antônio da Costa, idade de 12 anos, com pouca diferença. Foi mais perguntado quem é que tinha chamado as crianças Josino e Paulina, quem foi que mandou ele chamar, em que dia foi que chamou e a que horas; respondeu que achando-se [*sic*] ele respondente no cercadinho da fazenda apanhando laranjas, apareceu no mesmo cercadinho o crioulo Marcelino e dissera a ele respondente que fosse chamar seus dois filhos Josino e Paulina para lhe tomarem a bênção e irem catar café com mamãe, e que ele respondente os foi chamar e trouxe as crianças e as entregou a seu pai, e ele respondente retirou-se deixando no mesmo cercadinho as crianças com o pai; e que se lembra que isso sucedera ao meio-dia e quanto ao dia não se recorda; mas sim sabe que nesse mesmo dia é que as crianças desapareceram. Foi mais perguntado se quando ele respondente trouxe as crianças e entregou-as ao pai se viu também aí a mãe dos mesmos; respondeu que a mãe das crianças não estava nesse lugar nem ele respondente a viu. E mais não lhe foi perguntado.

(Inquirição a Marcelino)

Estando presente o preso Marcelino, o mesmo subdelegado mandou ler as informações que acaba de fazer o moleque Miguel em sua presença, e lhe perguntou se tudo quanto o mesmo moleque acabava de informar era ou não exato [...] e que a mulher dele preso não se achava com ele naquele lugar. E nada mais lhe foi perguntado [...]; o réu respondeu que era exato tudo quanto Miguel informara.

(Ato de qualificação e interrogatório feito ao réu preso Marcelino crioulo forro)

Ano do Nascimento de Nosso Senhor Jesus Cristo de 1847, aos sete dias do mês de julho [...] Neste mesmo ato, pelo mesmo subdelegado, lhe foi feito o auto de interrogatório pela maneira seguinte. Perguntou-lhe seu nome, naturalidade, residência, o tempo dela, no lugar designado, quais seus meios de vida, onde se achava ao tempo em que se diz sucedera o crime, se conhece as pessoas que vêm jurar contra ele, se tem algum motivo particular a que atribua a queixa, se tem fatos a alegar que justifiquem a sua inocência; respondeu chamar-se Marcelino, que é natural do Brasil, que residia no lugar denominado Curral Falso na fazenda de Bento Antunes Barroso e há bastante tempo, mas que não sabe ao certo quantos anos há; que vive de trabalhos de roça; que se não lembra onde estava ao tempo que se diz que cometera o crime; que conhece as pessoas que vêm jurar contra ele e há muito tempo; que não [tem] motivo nenhum particular a que atribua a queixa; e que não tem provas que justifiquem a sua inocência. Foi mais perguntado quais os motivos que teve para matar seus dois filhos; respondeu que tinha sido a cachaça. Foi mais perguntado o lugar [em] que ele tinha bebido cachaça e a que horas, e se foi no mesmo dia do delito; respondeu que bebeu cachaça de manhã em uma casa de Jerônimo de tal, que reside na fazenda do falecido Ribeirinho, onde dera uma porção de milho que levava e aí comprara uma garrafa de aguardente – cachaça – por quatro vinténs e a bebera toda, e que nesse mesmo dia é que ele cometera o delito. Foi mais perguntado se quando ele interrogado chegou ao cercadinho da fazenda do Partido e que mandou chamar seus dois filhos se já estava bêbado; respondeu que sim. E mais não lhe foi perguntado e por não saber escrever assinou a seu rogo Bernardino Lisboa com o mesmo subdelegado e testemunhas presentes [...]

(Inquirição de testemunhas apresentadas pelo queixoso)

Aos sete dias do mês de julho de 1847, nesta cidade dos Campos de Goitacazes, nas cadeias públicas dela onde foi vindo o subdelegado desta freguesia [...] Bento Antunes Barroso, branco, casado, natural de Portugal, idade de 33 anos, vive de ser fazendeiro, é morador nesta cidade [...] E sendo perguntado pelo conteúdo na petição de queixa, que pelo mesmo subdelegado lhe foi lida, disse que sabe por ver que no dia quarta-feira trinta de junho próximo passado foram à fazenda dele testemunha dois escravos da fazenda do Partido, um de nome Domingos de Azevedo e outro de nome Manuel de Jesus, isto seriam nove horas da noite pouco mais ou menos, e aqueles escravos disseram a ele que iam da parte de sua senhora saber se por acaso estariam na fazenda dele testemunha dois menores de nome Josino e Paulina que tinham desaparecido daquela fazenda do Partido, ao que ele testemunha respondeu que não sabia; mas que ia ver em casa do pai dos mesmos menores, e com efeito dirigindo-se à casa daquele pai dos menores com os mesmos pretos, e aí chegando, informara-se se os ditos menores estariam, ao que lhe foi respondido pela mãe dos mesmos que não sabia deles. E que na mesma noite, seria meia-noite pouco mais ou menos, voltou aquele preto Domingos de Azevedo acompanhado do feitor da fazenda do Partido de nome Manuel Batista, e esse último dissera a ele testemunha que o réu tinha morto seus dois filhos, segundo o mesmo réu havia comunicado ao escravo Domingos de Azevedo quando este se retirava para casa; à vista desta declaração, ele testemunha se dirigiu de novo à casa onde o réu residia com sua mulher e mãe, acompanhado do mesmo Manuel

Batista, Domingos Gomes Leite, Francisco Paz, e mais escravos, e aí ele testemunha fez cercar a casa e prendeu o réu, o qual estava dormindo em camisa e sem ceroula; e perguntando-lhe ele testemunha qual a razão por que havia morto seus dois filhos, ele respondeu que se os tinha matado estava com o juízo cortado. E que o conduzindo para a casa do inspetor de quarteirão Manuel José Alves, este perguntara ao réu se com efeito este havia morto seus filhos; o réu respondeu que os tinha matado com um facão e que estavam em sua roça; e perguntando ele testemunha ao mesmo réu quais os motivos que ele tivera para praticar semelhante atentado, o réu respondera que os motivos ele mesmo réu é que os sabia. Foi mais perguntado à testemunha se na ocasião em que prendera o réu, este estava bêbado; respondeu que não e nem nenhum indício dava de o estar, pois que respondia com acerto tudo quanto se lhe perguntava. E mais não lhe foi perguntado. Dada a palavra ao réu para contrariar o depoimento da testemunha, por este foi dito que nada tinha a dizer, pois que era exato o que acabava de depor. E mais não disse e assinou a testemunha [...]

Domingos Gomes Leite, branco, casado, natural de Portugal, idade de 32 anos, vive de ser negociante [...] E sendo perguntado pelo conteúdo na petição de queixa que pelo mesmo subdelegado lhe foi lida, disse que sabe por ver em razão de achar-se na fazenda de seu compadre Bento Antunes Barroso no Curral Falso, para a qual tinha ido no dia quarta-feira trinta de junho próximo passado, onde chegara às oito para as nove horas da noite, e que pouco depois de sua chegada, aí vieram dois pretos da fazenda do Partido, um de nome Domingos e outro que não conhece pelo nome, os quais falaram com seu compadre Bento Antunes Barroso e perguntaram se por acaso ali teriam aparecido duas crianças que eram filhas do réu, ao que o mesmo seu compadre respondeu que não sabia de tais crianças, que eles bem sabiam onde morava o pai delas, que fossem lá ver, e que dissessem à sua senhora que se por acaso as crianças ali aparecessem ele as mandaria levar; a isto responderam aqueles pretos que já tinham ido à casa do pai procurá-los e que não as tinham encontrado. Retiraram-se os mesmos pretos, e o mesmo seu compadre dirigiu-se à casa do réu com sua mulher e mãe, e aí recomendou que se porventura aparecessem as mencionadas crianças as mandasse levar para a fazenda do Partido; feita a recomendação voltou para casa. Já estavam agasalhados quando voltaram de novo aquele preto Domingos acompanhado do feitor da fazenda do Partido de nome Manuel Batista, seria seguramente meia-noite pouco mais ou menos, e aquele feitor chamou pelo mesmo seu compadre e lhe falou em particular, e voltando o mesmo seu compadre dessa conversação comunicou-a a ele testemunha cuja comunicação foi o encontro que tivera aquele preto Domingos com o réu em uma das roças da fazenda do Curral Falso, onde o mesmo réu confessou ao preto Domingos que não procurasse mais os filhos dele réu, pois que ele réu os tinha morto com um facão e que os tinha posto em uma das roças da fazenda do Partido, e que lhe pedia que os enterrasse e que guardasse muito segredo; logo que seu compadre foi informado do acontecido, dirigiu-se com ele testemunha e o feitor Manuel Batista e alguns pretos à casa do réu, cercaram-na e o prenderam, estando o mesmo réu dormindo, vindo abrir a porta sua mãe. Depois de preso o réu, o mesmo seu compadre perguntou-lhe se sabia por que se achava preso; o réu respondeu que não. Perguntou-lhe outra vez pelos seus dois filhos e respondeu que não sabia deles; inda lhe perguntou se ele réu tivera ânimo de matar seus filhos; o réu respondeu que os não tinha matado e que se o tinha feito estava com o juízo cortado. Concluídas as perguntas, foi o mesmo réu conduzido para a casa do inspetor Manuel José Alves, e aí chegando deram parte do ocorrido ao mesmo inspetor e este perguntou ao réu se ele com efeito tinha morto seus filhos, ao que ele respondeu, com ar de quem estava enfadado: matei-os sim senhor; perguntaram-lhe mais: e com que os mataste? Respondeu: matei-os com um facão; acrescentando: não sei se fiz bem ou mal; se fiz mal está feito. Perguntaram-lhe mais: quais foram os motivos por que havia cometido um tal atentado? E ele respondeu: eu cá é que sei por que o fiz. Foi mais perguntado à testemunha se na ocasião em que prenderam ao réu divisaram nele algum indício de embriaguez pela testemunha; foi respondido que não, que pelo contrário o réu estava muito senhor de si e que respondia a tudo com o maior sangue-frio. E mais não lhe foi perguntado. E dada a palavra ao réu para contraditar o depoimento da testemunha, por ele foi dito que era exato o seu depoimento; porém que cometeu tal atentado porque não estava em seu juízo, e mais não lhe foi perguntado e assinou o subdelegado com a testemunha [...]

Manuel José Alves, branco, casado, natural de Campos, idade de 47 anos, vive de lavoura, morador no lugar do Curral Falso [...] E sendo perguntado pelo conteúdo na petição de queixa que pelo mesmo subdelegado lhe foi lida, disse que sabe por ver que no dia primeiro do corrente mês de julho, seriam meia-noite pouco mais ou menos, lhe foi entregue o réu que se acha presente, o qual fora acompanhado de Bento Antunes Barroso, Domingos Gomes Leite, Manuel Pereira de Souza e alguns escravos, o qual preso ele testemunha tomou conta como inspetor daquele quarteirão; informando-lhe aquele Bento que o haviam prendido em consequência de ter ele preso cometido o crime de assassínio das pessoas de dois menores filhos dele preso. E passando ele testemunha a interrogar ao preso se com efeito era exato o ter ele assassinado seus dois filhos, ele respondera que sim; perguntou-lhe mais de que forma os havia matado, se degolados, esfaqueados ou de que modo; respondeu que não sabia e acrescentou que os tinha morto com um facão e que os tinha posto em uma roça na fazenda do Partido, na qual ele preso tinha arrancado mandioca. Foi mais perguntado se quando ele testemunha tomou conta do preso este dava alguns sintomas de embriaguez; foi respondido que não, que antes falava com acerto. E mais não lhe foi perguntado. Dada a palavra ao réu para contrariar o depoimento da testemunha, por este foi dito que era exato quanto a testemunha havia deposto. E mais não disse e assinou [...]

José Manhães de Azevedo, branco, solteiro, natural desta cidade, idade de 46 anos, vive de lavoura, morador no lugar da Estradinha do Partido [...] E sendo perguntado pelo conteúdo na petição de queixa que pelo mesmo subdelegado lhe foi lida e declarada, disse que sabe por verem razão de ter sido chamado pelo inspetor de quarteirão Manuel José Alves no dia quarta-feira trinta do passado, havia ser meia-noite pouco mais ou menos, para ir à sua casa; e perguntando ele testemunha ao portador que o foi chamar de nome Manuel Pereira de Souza que novidade havia ocorrido para que o inspetor o mandasse chamar àquela hora, ao que lhe respondeu o mesmo portador que era para conduzir para a prisão ao crioulo Marcelino que tinha morto seus dois filhos; à vista disso ele testemunha dirigiu-se para a casa do mencionado inspetor e aí chegando viu o réu preso e amarrado; e foi novamente informado do fato, e chegou-se ele testemunha para o réu e perguntou-lhe: pois tu tiveste ânimo de matar teus filhos? Nem ao menos te arrependeste depois de ter morto um, e poupar a vida do outro? E o réu lhe respondeu: matei-os, meu senhor, porque eu não estava em meu juízo perfeito, e estou arrependido. Foi mais perguntado à testemunha se na ocasião que ele testemunha foi à casa do inspetor e que viu o réu, reconheceu neste alguns sintomas de embriaguez; respondeu que naquela [ocasião] não conheceu que o réu estivesse embriagado pois ele nenhum sinal deu disso. E mais não lhe foi perguntado. Dada a palavra ao réu para contrariar o depoimento da testemunha, por este foi dito que nada tinha dizer, que era exato quanto ela havia deposto, acrescentando que o tinha feito por não estar em seu juízo. E nada mais declarou e assinou a testemunha [...]

Bernardino Gomes Barreto, casado, natural de Campos, idade de 27 anos, vive de lavoura, morador no lugar do Curral Falso [...] E sendo perguntado pelo conteúdo na petição de queixa que pelo mesmo subdelegado lhe foi lida, disse que sabe em razão de ter sido chamado pelo inspetor de quarteirão Manuel José Alves no dia quarta-feira trinta do passado, havia ser meia-noite pouco mais ou menos, para ir à sua casa; e perguntando ele testemunha ao portador de nome Manuel Pereira de Souza para que era que o inspetor o mandava chamar àquela hora, o mesmo Souza lhe disse que era para levar para a prisão ao crioulo Marcelino por ter morto um casal de filhos; ele testemunha acompanhou o mesmo e se dirigiram à casa do inspetor, onde receberam o preso e se dirigiram para a cidade; em caminho ele testemunha perguntou ao mesmo preso se com efeito ele preso tinha matado seus filhos, ao que ele respondeu que os tinha matado; perguntou-lhe mais ele testemunha com que instrumento é que os tinha matado e onde os tinha posto; o mesmo preso respondeu que os tinha matado com um facão e que os tinha posto na roça, acrescentando ele testemunha que o preso não respondia ao certo, quanto ao lugar onde havia deixado os filhos mortos, pois que ora indicava um lugar ora indicava outro. Foi mais perguntado à testemunha se tinha presenciado no preso alguns sintomas de embriaguez; respondeu que durante a viagem não o viu cambalear nem dar outros sinais de embriaguez; mas que apenas chegou na prisão foi logo se deitando. E mais não lhe foi perguntado. Dada a palavra ao réu para contrariar o depoimento da testemunha, por este foi dito que nada tinha a dizer sobre o seu depoimento, pois que era exato, acrescentando sempre que o tinha feito por não estar em juízo perfeito. E nada mais declarou e assinou [...]

Manuel Batista Pereira, pardo, casado, natural de Campos, idade de 52 anos, vive de ser feitor da fazenda do Partido onde é morador [...] E sendo perguntado pelo conteúdo na petição de queixa que pelo mesmo subdelegado lhe foi lida, disse que sabe por ver em razão de ser feitor da fazenda do Partido que no dia quarta-feira trinta do passado, vindo ele do serviço às ave-marias, achou a novidade de faltarem duas crianças de nomes Josino e Paulina, as quais tinham estado em casa dele testemunha ao meio-dia a brincar, e logo que ele testemunha foi informado dessa falta saiu a procurá-los pelos diversos brejos e cacimbas, e os não encontrando dera disso parte à senhora da fazenda, a qual enviou gente para a fazenda do Curral Falso, onde residia o pai das mesmas crianças, a ver se ali estariam. Pela volta da meia-noite voltaram aqueles escravos do Curral Falso, e entre eles um de nome Domingos dera parte a ele testemunha que Marcelino o havia chamado no meio de uma das roças da fazenda do Curral Falso e lhe dissera que não procurasse mais seus filhos, pois que ele os havia matado com um facão e posto na roça do Balbino, que é na fazenda do Partido, e que lhe pedia que os enterrasse e que guardasse segredo; imediatamente ele testemunha se dirigiu à fazenda do Curral Falso, acompanhado de mais alguns escravos e de Francisco Paz, e fora dar parte do ocorrido a Bento Antunes Barroso; este imediatamente saiu acompanhado de seu compadre Domingos Gomes Leite e dos que lhe tinham ido dar parte, e dirigindo-se à casa onde residia o réu com sua mulher e mãe aí fez cercar a casa, bateu e veio a mãe do réu abri-la, entraram e prenderam ao mesmo réu, o qual se achava dormindo; depois de achar-se preso, ele testemunha lhe perguntou se ele tivera ânimo de matar seus filhos, ao que o réu lhe respondera que não sabia o que tinha feito, que não estava em seu juízo. Daí seguiram para a casa do inspetor de quarteirão Manuel José Alves e aí sendo o mesmo réu perguntado sobre o fato, respondera que tinha os [*sic*] matado com um facão e que os tinha posto na capoeira da roça velha dele réu; depois de deixarem o preso em poder do inspetor de quarteirão retiraram-se cada um para suas casas, e no outro dia pela manhã foram ao lugar indicado e acharam as duas crianças mortas. Foi mais perguntado se na ocasião em que prenderam o réu este dava alguns sinais de estar embriagado; respondeu que não. E mais não disse. Dada a palavra ao réu para contrariar o depoimento da testemunha por ele foi dito que era exato, mas que assim tinha praticado por estar fora de seu juízo e mais não declarou e assinaram o subdelegado com a testemunha [...]

Manuel Pereira de Souza, branco, casado, natural de Campos, idade 26 anos, vive de lavoura, morador no Curral Falso [...] E sendo perguntado pelo conteúdo na petição de queixa que pelo mesmo subdelegado lhe foi lida, disse que sabe por ver em razão de ter sido chamado no dia quarta-feira trinta de junho por Bento Antunes Barroso o qual vinha acompanhado de Domingos Gomes Leite, Manuel Batista e Francisco Paz, e alguns escravos, o qual Bento chamou a ele testemunha para os acompanhar até a casa do inspetor de quarteirão para onde conduziam o réu já amarrado, e no caminho fora ele testemunha por aquele Bento informado do fato que dera lugar à prisão; e quando chegaram à casa do inspetor de quarteirão Manuel José Alves, este perguntou ao preso se com efeito ele havia morto seus filhos; o réu respondeu: matei-os sim senhor. Tornou a perguntar-lhe com que é que os tinha matado e onde os tinha posto; e o preso respondeu que os tinha matado com um facão e que os tinha posto em uma capoeirinha onde ele preso tinha arrancado mandioca. Depois disso o inspetor de quarteirão mandou por ele testemunha chamar a José Manhães e Bernardino Gomes Barreto, os quais com ele testemunha conduziram o preso para a cidade; disse mais ele testemunha que no caminho perguntou algumas vezes ao preso por que é que tinha matado seus filhos, ao que o preso respondia: matei-os porque estava fora de meu juízo; disse mais ele testemunha que no dia seguinte foi ao lugar indicado e encontrou as duas crianças mortas. Foi mais perguntado se quando ele testemunha viu o réu preso se divisou nele alguns sinais de embriaguez; respondeu que não, tanto que ele testemunha encontrara com o réu ao sair da cancela da fazenda do Curral Falso pela volta da uma hora da tarde desse mesmo dia e ia muito direito e cumprimentou a ele testemunha; e que na ocasião que ele réu se achava em casa do inspetor de quarteirão, ele testemunha lhe perguntou se quando o havia encontrado fora da cancela do Curral Falso à uma da tarde é que ele tinha ido cometer o delito. O mesmo réu perguntou a ele testemunha se ele réu vinha ou ia para casa, e ele testemunha lhe disse que ele vinha de casa; e o réu então disse: então havia de ser isso mesmo. E mais não lhe foi perguntado. Dada a palavra ao réu para contraditar o depoimento da testemunha, por ele foi dito que nada tinha a dizer, acrescentando sempre que não sabia o que tinha feito por estar fora de seu juízo e mais não declarou. E assinaram [...]

Francisco Paz, crioulo forro, casado, natural desta cidade, idade diz que ignora, vive de serviço de roça, morador na fazenda do Partido [...] E sendo perguntado pelo conteúdo na petição de queixa que pelo mesmo subdelegado lhe foi lida, disse que sabe por ver que no dia depois do dia de São Pedro, seria meia-noite pouco mais ou menos, ele testemunha fora chamado pelo feitor da fazenda de nome Manuel Batista e o acompanhara para a fazenda de Bento Antunes Barroso no Curral Falso, para onde se dirigiram acompanhados de alguns escravos, e em caminho foi que aquele Manuel Batista comunicou a ele testemunha o fato de haver o réu morto seus filhos por lhe haver também comunicado o preto Domingos; logo que chegaram à fazenda do Curral Falso, aquele feitor fora dar parte do ocorrido ao mesmo Bento Antunes Barroso, o qual imediatamente saiu acompanhado de seu compadre Domingos Gomes Leite e dos que lhe tinham ido dar parte, e dirigiu-se à casa onde residia o réu com sua mulher e mãe [e] cercaram a casa e o prenderam, estando este dormindo na ocasião em que se bateu na porta, a qual foi aberta pela mãe do mesmo réu; e depois de preso, o conduziram para a casa do inspetor de quarteirão Manuel José, o qual tendo igualmente sido informado do ocorrido, perguntou ao réu se com efeito ele tinha morto seus filhos; o réu respondeu que tinha sido ele próprio que os havia matado; perguntou-lhe mais o inspetor de quarteirão com que os havia matado e onde os tinha deitado; respondeu que os tinha morto com um facão e que os tinha posto em uma roça velha onde ele réu tinha arrancado mandioca; depois de fazerem entrega do preso ao mesmo inspetor, cada qual se retirou para suas casas; disse mais ele testemunha que no outro dia, indo ao lugar indicado, encontrou as duas crianças mortas. Foi mais perguntado se quando prenderam o réu ele estava bêbado ou se tinha alguns indícios disso; respondeu que não. Dada a palavra ao réu para contrariar o depoimento da testemunha, por este foi dito que nada mais tinha a dizer, senão que ele não estava em seu juízo e assinaram [...]

(Juntado aos autos em 31 de agosto de 1847)

Por libelo crime acusatório, diz o autor Manuel Antônio da Costa contra o réu acusado Marcelino crioulo forro, o seguinte. Provará que sendo proibido no art. 192 do Código Criminal deste Império matar alguém; e sendo o infrator desta lei punível com a pena de morte no grau máximo; de galés perpétuas no mínimo; e de prisão com trabalho por vinte anos no mínimo, segundo as circunstâncias de sua culpabilidade; o réu Marcelino crioulo forro infringiu a mesma lei, e [portanto] é culpado de homicídio com circunstâncias agravantes; em consequência do que se lhe deve impor a pena do citado artigo, se não no grau máximo, ao menos no médio. Porquanto, porque sendo o autor senhor e possuidor de dois escravos menores de nomes Josino, de idade de sete anos, e Paulina, de idade de seis anos, os quais eram filhos do réu [...] este esquecendo da qualidade de pai [...] os assassinou barbaramente [...]

[...] porque [...] o réu confesso do delito horroroso, que confessara, matando traiçoeiramente seus próprios filhos menores, inocentes, se [pretendendo] do estado de embriaguez no intuito de assim minorar e atenuar sua culpabilidade, todavia essa coarctada não lhe poderá valer, pois que todas as testemunhas do processo afirmaram que o mesmo réu não dava, quando foi preso poucas horas após o crime, sinais de embriaguez.

[...] porque, e consta dos autos, que achando-se [*sic*] no dia trinta de junho do corrente ano de 1847 aquelas miseráveis crianças [...] em um cercado da mesma fazenda apareceu este ao meio-dia, e por um escravo da mesma fazenda de nome Miguel mandou chamar as ditas crianças para tomarem-lhe a bênção e irem com o mesmo réu colher café [...] À vista do que [...]

[...] porque no crime horroroso perpetrado pelo réu se deram as circunstâncias agravantes [...] senão [*sic*] pode absolutamente imaginar um motivo razoável, para tão bárbaro e monstruoso procedimento, que não revele no réu a maior malvadez, tanto mais requintada quanto reprovada e perigosa nas circunstâncias atuais do Brasil, pois dos autos consta que o réu matara os filhos para não estarem escravos [...]

E nestes termos e no direito, o réu há de ser condenado a sofrer a pena estatuída no art. 192 no grau máximo, ou pelo menos no médio, atentas as circunstâncias agravantes enumeradas [...] Manuel Antônio da Costa [assinatura].

Ilmo. Sr. juiz de direito

Diz Marcelino crioulo forro, réu preso na cadeia desta cidade, que tendo de apresentar sua defesa perante o júri acaba de ser informado [de] que seu processo deve entrar hoje, e como lhe seja preciso intimar alguma testemunha, de que depende toda sua defesa, as quais só podem estar presentes para a sessão de amanhã, vem respeitosamente requerer a V. Sa. o adiamento do seu processo para amanhã, esperando que V. Sa. assim lhe defira, atentas muitas razões que o suplicante deixa de referir por serem reconhecidas, principalmente quando se trata de uma acusação por crime a que está imposta pena de morte, e quando o réu acusado preso e pobre tem de lutar com dificuldades, ao passo que tem todo interesse em ser decidida a sua sorte. Campos, vinte e sete de outubro de 1847.

Ilmo Sr. dr. juiz de direito

[...] A resposta e informação do escrivão é que parece a propósito, porquanto tendo o suplicante por pobre ainda ontem podido obter advogado que o defendesse, e achando-se este ocupado no júri, só às ave-marias é que teve ocasião de falar com o mesmo e convencer-se da necessidade das testemunhas que tem a fazer citar [...]

(Interrogatório feito ao réu)

[...] sendo presente o réu solto e livre de ferros, o presidente do Tribunal passou a interrogar o mesmo pela forma seguinte. Perguntou como se chamava; respondeu chamar-se Marcelino Francisco Inácio. Perguntou donde era filho; respondeu que do lugar denominado o Partido. Perguntou quais os seus meios de vida e profissão; respondeu que em serviços de lavoura. Perguntou se conhece as pessoas que juraram contra ele e desde que tempo; respondeu que conhece a todas há algum tempo, que não pode dizer ao certo. Perguntou se tinha algum motivo particular a que atribua a queixa ou denúncia; respondeu que não. Perguntou se tem fatos a alegar ou provas que justifiquem sua inocência; respondeu que não tem razões nenhumas particulares que justifiquem a sua inocência além daquelas que seu advogado apresentará. Perguntou mais se tendo ele confessado na presença do subdelegado que havia morto seus dois filhos menores de nomes Josino e Paulina, se ele réu confirmava aquela sua dita confissão e se se lembrava de ter feito os assassinatos de que era acusado; respondeu que confirmava a dita confissão de haver morto seus dois filhos e que praticara esse fato por não estar em seu juízo, e quanto à segunda parte da pergunta respondeu que na ocasião em que fora preso, dizendo-se-lhe que houvera ele respondente morto àqueles seus filhos, ele então lembrara-se de o ter feito e dissera àquelas mesmas pessoas que se assim praticara fora por não estar em seu juízo. Às mais perguntas que lhe foram feitas sobre o fato de que é acusado respondeu que ele não se lembra de coisa alguma nem que mandara chamar seus filhos pelo escravo Miguel, que conhece, sendo certo que os ditos seus filhos moravam na fazenda do Partido e ele respondente na do Curral Falso. E sendo-lhe pelo dito juiz apresentado um facão e perguntado se o conhecia e de quem era, respondeu ser dele réu e [que] o conhecia perfeitamente. Perguntado mais se, no dia do assassinato dos seus filhos, saíra com o dito facão e fora com ele à fazenda do Partido e depois em companhia de seus filhos para um lugar deserto em que os mesmos foram assassinados, respondeu que sim, que houvera saído com o dito facão aquele dia, como costuma sempre fazer e que levara seus filhos para o lugar das roças velhas. Perguntado mais se neste lugar existem matos, se há plantações e se o lugar é junto à estrada ou perto dela, respondeu que há nesse lugar algum mato, pequenos restos de roça, fica longe da estrada, e que não havia pessoa alguma em serviço por ali. Perguntado que horas eram quando ali foi com seus filhos, respondeu que não sabia. Perguntado se havia degolado os ditos seus filhos e qual deles primeiro assassinara, respondeu que não sabe nem as horas em que foram. Perguntado se o autor confiava dele réu seus filhos para o visitar como a seu pai que era quando lá os ia procurar, respondeu que sim. Perguntado se não tinha visto os filhos depois de assassinados, respondeu que não. Perguntado pela razão que o tinha movido a assassinar seus filhos, respondeu que não se lembra por estar doente da cabeça. Perguntado mais se estava nessa ocasião embriagado por ter bebido aguardente, ou algum outro *esprito,* respondeu que havia bebido alguma aguardente. Perguntado mais se se não recorda de o ter feito, respondeu que sim. Perguntado qual era a moléstia de que se queixava há pouco, respondeu que é variado do juízo desde que dera uma queda de cavalo e que tem estado por algumas vezes louco, e que outras vezes não tem estado com o seu juízo regular, não se recordando em que ocasião ou períodos assim acontece. Perguntado se há ocasiões em que está em seu juízo perfeito, respondeu que a maior parte do tempo está no seu estado de saúde e juízo regular. Perguntado se estava agora com todas as suas faculdades e juízo perfeito, e em estado completo de saúde dessa sua enfermidade, respondeu que sim. Perguntado se nos dias anteriores ao assassinato de seus filhos ele réu não tinha uma ideia fixa de assassinar os ditos seus filhos por serem cativos ou se não tinha pesar dos ditos seus filhos serem escravos, de maneira que pensasse sempre nisso e o atormentasse essa ideia, e se não informara disso mesmo ao seu advogado que lhe fora pedir esclarecimentos para sua defesa, respondeu que não, mas que é certo que o seu advogado fora à prisão em que ele se acha, mas que somente lhe perguntara se tinha testemunhas, as quais ele réu as nomeara. Perguntado que razão dá ele respondente de não recordar-se [*sic*] de certas particularidades de que se devera recordar por serem mais importantes e essenciais ao delito, entretanto que se lembra de outras insignificantes e fugitivas e que precederam e acompanharam o assassinato dos ditos seus filhos, respondeu que aquilo [de] que ele se lembrava tinha já dito. Perguntado se na ocasião em que fora o seu advogado à prisão para obter informações para a sua defesa, se ele réu as dera, respondeu que não, mas somente os nomes das testemunhas de que fez menção.

(Contrariedade do réu)

[...] Porque o réu nunca foi acostumado a praticar crimes semelhantes e de tal natureza, antes, pelo contrário, pela sua conduta, obteve a graça de sua liberdade [...]

[...] Porque o réu tinha sempre uma ideia fixa, a qual era alcançar a liberdade para os filhos escravos, o que não podendo conseguir, bem podia desenvolver-lhe aquelas disposições, empreendendo a mania de assassinar os filhos para os livrar assim do cativeiro, cuja ideia ainda dominava quando foi preso, como se depreende dos depoimentos de algumas testemunhas [...]

[...] Porque nos melhores direitos deve o réu ser julgado louco e, como tal, absolvido das penas pedidas no libelo, e cumprir-se a respeito dele o disposto no art. 12 do Código Criminal, condenando-se nas custas a quem for de direito por ser do referido. Tomé José Ferreira Tinoco [assinatura].

[...] Findo o interrogatório feito ao réu, [passou-se] a fazer a leitura do processo de afirmação de culpa [...] Depois do que o advogado do autor, passando a fazer uma análise a respeito do depoimento das testemunhas, sustentou verbalmente de fato e de direito a acusação, pedindo afinal a condenação do réu na forma de conclusão do liberto. O defensor do réu, fazendo a mesma análise sobre o depoimento das mesmas testemunhas, sustentou afinal verbalmente de fato e de direito a [defesa] do seu cliente, pedindo afinal a absolvição do mesmo. Findos os debates, decidindo o Conselho que julgara a matéria suficientemente discutida, o presidente do Tribunal, resumindo com o devido esclarecimento possível os pontos da acusação [...] propôs ao Conselho as questões seguintes. O réu Marcelino Francisco Inácio matou seus filhos menores de nomes Josino e Paulina? O réu, quando [o] fez, estava louco? O réu cometeu o delito com circunstância agravante do art. 1.681, isto é, cometeu o crime em lugar ermo? Cometeu o crime impelido por um motivo reprovado ou frívolo? Dava-se o réu a respeito de seus filhos assassinados a superioridade em sexo, forças ou armas, de maneira que os mesmos seus filhos não pudessem defender-se com probabilidade de repelir o ofensor? Houve premeditação da parte do réu, isto é, designo formado antes da ação de ofender ou matar os ditos seus filhos? O réu cometeu o delito com fraude? Cometeu com abuso de confiança nele posta? Existem circunstâncias atenuantes em favor do réu?

(Respostas)

Ao primeiro quesito o júri respondeu sim por oito votos; o réu Marcelino Francisco Inácio matou seus filhos menores Josino e Paulina. Ao segundo quesito o júri respondeu não por oito votos; o réu Marcelino Francisco Inácio não estava louco. Ao terceiro quesito o júri respondeu sim por onze votos; o réu Marcelino Francisco Inácio cometeu o crime em lugar ermo. Ao quarto quesito o júri respondeu sim por sete votos; o réu Marcelino Francisco Inácio cometeu o crime impelido por motivos reprovados e frívolos. Ao quinto quesito o júri respondeu sim; dava-se no réu Marcelino Francisco Inácio a respeito de seus filhos assassinados por [*sic*] superioridade em sexo e força e armas. Ao sexto quesito o júri respondeu sim com onze votos; houve premeditação da parte do réu Marcelino Francisco Inácio ao matar os ditos seus filhos. Ao sétimo quesito o júri respondeu unanimemente sim; o réu Marcelino Francisco Inácio cometeu o dito delito com fraude. Ao oitavo quesito o júri respondeu unanimemente sim; o réu Marcelino Francisco Inácio cometeu o delito com o abuso de confiança nele posta. Ao nono quesito o júri respondeu não por sete votos.

(Sentença)

A vista da decisão do júri condeno o réu Marcelino Francisco Inácio à pena de morte, máximo das penas estabelecidas no art. 192 do Código

Criminal; e pague o mesmo as custas por seus bens [...] [e apela conforme a lei] José Ferreira da Silva Ramos, presidente do Tribunal.

Novo julgamento em 16 de maio de 1848. Do interrogatório: [...] Perguntou de quem fora escravo; respondeu que do capitão Manuel Antônio Barroso. Perguntou qual a sua profissão ou meio de vida; respondeu que se ocupava em diferentes serviços, ora de seu ofício de carpinteiro e ora em serviço de roças [...] Perguntou se não tinha mais filhos além dos assassinados, como se chamavam estes e que idade teriam; respondeu que tinha mais dois vivos de nomes Luzia e José [...] mas que ignora as idades dos mesmos [...]

Findo o interrogatório [...] Findos os debates, o Conselho que julgava teria o [caso] suficientemente discutido; o doutor juiz de direito, resumindo com o devido esclarecimento os pontos da acusação e da defesa, propôs ao Conselho as questões seguintes: O réu Marcelino Francisco Inácio matou seus filhos menores Josino e Paulina? O réu Marcelino Francisco Inácio praticou o crime em estado de loucura? Foi o crime praticado em lugar ermo? Foi o réu Marcelino Francisco Inácio impelido por motivo reprovado ou frívolo? Dava-se da parte do réu Marcelino Francisco Inácio superioridade em sexo, forças ou armas, de maneira que os ofendidos não pudessem defender-se com probabilidade de repelir o ofensor? Houve da parte do réu Marcelino Francisco Inácio premeditação ou designo formado de cometer o delito? Procedeu o réu Marcelino Francisco Inácio com fraude? Foi o crime cometido pelo réu Marcelino Francisco Inácio com abuso de confiança nele posta? O júri reconhece outra prova além da confissão do réu Marcelino Francisco Inácio? Existem circunstâncias atenuantes a favor do réu Marcelino Francisco Inácio?

(Respostas, em 16 de maio de 1848)

O júri respondeu ao primeiro quesito sim; por unanimidade o réu Marcelino Francisco Inácio matou seus menores filhos Josino e Paulina.

Ao segundo quesito o júri respondeu não por oito votos; o réu Marcelino Francisco Inácio não praticou o crime em estado de loucura. Ao terceiro quesito o júri respondeu não por unanimidade; o crime não foi praticado em lugar ermo. Ao quarto quesito o júri respondeu sim por oito votos; o réu Marcelino Francisco Inácio foi impelido por motivos reprovados e frívolos. Ao quinto o júri respondeu sim unanimemente; deu-se da parte do réu Marcelino Francisco Inácio superioridade em sexo, forças e armas, de maneira que os ofendidos não puderam defender-se com probabilidade de repelir o ofensor. Ao sexto quesito o júri respondeu não por oito votos; não houve premeditação ou designo formado de cometer delito. Ao sétimo quesito o júri respondeu sim por oito votos; o réu procedeu com fraude. Ao oitavo quesito o júri respondeu sim por oito votos; o crime foi cometido pelo réu Marcelino Francisco Inácio com abuso de confiança nele posta. Ao nono quesito o júri respondeu não por unanimidade; o júri não reconhece outra prova além da confissão do réu. Ao décimo quesito o júri respondeu não por oito votos; não existem circunstâncias atenuantes em favor do réu.

(Sentença)

Julgo o réu Marcelino Francisco Inácio incurso no art. 192 do Código Criminal, e atento à disposição do art. 94 do Código de Processo o condeno a galés perpétuas e custas. Desta decisão apelo na forma da lei. João de Souza Nunes Lima, juiz de direito interino desta comarca [assinatura].

(Remessa)

Aos onze dias do mês de agosto do ano de 1848, nesta cidade de Campos, do meu cartório faço remessa desses autos para o Tribunal da Relação da Corte do Rio de Janeiro [...] Acórdão da Relação que julga improcedente a apelação [...] e impõe ao réu a pena estabelecida na lei e condena-o nas custas. Aos quatorze dias do mês de outubro do ano de 1848.

Fonte: Arquivo Nacional, maço 120, n.858.

Apêndice 2 – Distribuição, por idade e sexo, dos escravos africanos exportados por via terrestre e marítima, a partir do Valongo e do porto da cidade do Rio de Janeiro (1822-1833)

Faixa etária	*Número de homens*	%	*Número de mulheres*	%	*Taxa de masculinidade*	*Total de escravos*	%
0-4	–		–		–	–	
5-9	10		6		62,5	16	
10-14	47		17		73,3	64	
Infantes	57	19,1	23	24,5	71,3	80	20,4
15-19	69		21		76,7	90	
20-24	73		21		77,7	94	
25-29	42		15		73,7	57	
30-34	30		8		78,9	38	
35-39	9		2		81,8	11	
40-44	15		3		83,3	18	
45-49	3		–		100,0	3	
Adultos	241	80,6	70	74,5	77,5	311	79,1
50-54	–		–		–	–	
55-59	–		–		–	–	
60-64	1		1		50,0	2	
65-69	–		–		–	–	
+ de 70	–		–		–	–	
Idosos	1	0,3	1	1,1	50,0	2	0,5
Total	299	100,0	94	100,0	76,1	393	100,0

Fonte: Arquivo Nacional, "Códice 425, Registro da polícia de saída de escravos".

Apêndice 3 – Variação das taxas de africanidade e de parentes por grandes faixas etárias, em plantéis do agro fluminense (1790-1830)

Faixa etária	*1790-1807*		*1810-1825*		*1826-1830*	
	A	B	A	B	A	B
0-4	76,0	1,0	72,6	1,3	86,4	0,0
5-9	49,4	1,4	35,0	5,8	43,6	5,8
10-14	23,5	16,7	11,6	34,7	10,0	36,6
15-40	31,7	65,1	19,9	73,4	30,0	64,8
+ de 41	45,7	79,2	40,0	74,6	34,5	76,8
Total	40,0	49,8	28,2	63,6	35,6	52,2

(A) Parentes. (B) Africanos.

Obs.: Os dados são ajustados. Àqueles sobre parentesco retirados dos inventários, adscreveu-se mais 5% de viuvez para os cativos entre 15 e 40 anos de idade, e 20% aos de mais de 41 anos – cifras que, naturalmente, fizeram elevar-se a taxa de parentesco a partir dos 15 anos. Trata-se de porcentagens bastante próximas às encontradas por Metcalf para Santana de Parnaíba (SP), em 1820 (cf. Metcalf, "A família escrava no Brasil colonial", in: *História e população*, p.209).

Fonte: Arquivo Nacional, "Inventários *post-mortem* (1790-1830)".

Apêndice 4 – Distribuição da média de filhos por estado matrimonial e idade das mães, no agro fluminense (1790-1830)

Estado civil das mães	*1790-1807*				*1810-1825*				*1826-1830*			
	29 anos ou menos		*30 anos ou mais*		*29 anos ou menos*		*30 anos ou mais*		*29 anos ou menos*		*30 anos ou mais*	
	A	B	A	B	A	B	A	B	A	B	A	B
Casadas	10	1,80	2	2,25	5	2,20	27	1,85	9	1,11	4	1,25
Solteiras	36	1,25	18	1,67	44	1,27	65	1,48	18	1,22	36	2,00
Total	46	1,37	20	1,92	49	1,37	92	1,57	27	1,19	40	1,93

(A) Número de casos. (B) Média de filhos.

Fonte: Arquivo Nacional, "Inventários *post-mortem* (1790-1830)".

Apêndice 5 – Variação dos tipos de família a que pertenciam os infantes dos plantéis de José Cardoso dos Santos (1815) e Pascoal Cosme dos Reis (1852)

José Cardoso dos Santos

Faixa etária	*Número de escravos*	*Número de infantes ligados aos irmãos ou pais e/ou mães*	*Número de infantes ligados a qualquer parente*	*A*	*B*	*C*	*D*	*E*	*F*
0-4	25	18	22	3	13	8	0	1	0
5-9	38	29	37	1	23	9	1	4	1
10-14	25	16	21	4	13	4	0	0	3
Total	88	60	80	8	39	21	1	5	4

Pascoal Cosme dos Reis

Faixa etária	*Número de escravos*	*Número de infantes ligados aos irmãos ou pais e/ou mães*	*Número de infantes ligados a qualquer parente*	*A*	*B*	*C*	*D*	*E*	*F*
0-4	51	51	51	0	17	3	31	0	0
5-9	34	34	34	0	6	1	21	6	0
10-14	44	44	44	1	8	1	28	6	0
Total	129	129	129	1	31	5	80	12	0

(A) Número de crianças sem parentes. (B) Número de crianças membros de famílias extensas. (C) Número de crianças membros de famílias encabeçadas por mães solteiras. (D) Número de crianças membros de famílias nucleares. (E) Número de crianças membros daquelas encabeçadas por pais viúvos. (F) Número de crianças membros das fraternas (formadas apenas por irmãos).

Fontes: Para o caso de Cardoso dos Santos, utilizou-se o seu inventário *post-mortem* de 1815, a listagem de escravos do mesmo ano que se propõe a corrigir o referido inventário, a listagem de cativos do Engenho do Rio da Prata, constante do inventário *post-mortem* de Úrsula Martins (1809), e os registros de batismos dos escravos de Úrsula Martins e José Cardoso dos Santos, para o período 1794-1812, constantes do acervo da Cúria Metropolitana do Rio de Janeiro. Para o caso de Cosme dos Reis, fez-se uso do seu inventário, de 1852.

Apêndice 6 – Distribuição das famílias escravas no ato da partilha entre os herdeiros, no agro fluminense (1790-1835)

Fase do tráfico atlântico	*1790-1807*	*1810-1825*	*1826-1835*	*Total*
	B	*A*	*Crise da oferta*	
Número de parentes	263	107	7	377
Número de famílias	100	35	3	138
Número/percentual de famílias				
que permaneceram juntas	79/79	20/57	3/100	102/74
que ficaram separadas	13/13	11/31	0/0	24/17
com destino desconhecido	8/8	4/12	0/0	12/9

Obs.: O número antes da barra indica o total de famílias; o número que vem depois da barra se refere ao percentual das famílias.

Fonte: Arquivo Nacional, "Inventários *post-mortem* (1790-1835)".

Apêndice 7 – Distribuição do destino das famílias escravas no ato da partilha entre os herdeiros, por faixa de tamanho de plantel, no agro fluminense (1790-1835)

Faixa de tamanho de plantel de escravos	*Número*		*Famílias (em %)*		
	de plantéis	*de famílias*	*permaneceram unidas*	*foram separadas*	*com destino desconhecido*
2-4	–	–	–	–	–
5-9	16	18	55,5	22,2	22,2
10-19	18	28	78,5	21,4	–
20-49	6	37	59,4	32,4	8,1
50 ou +	3	55	87,2	3,6	9,0
Total	43	138	74,0	17,3	8,6

Fonte: Arquivo Nacional, "Inventários *post-mortem* (1790-1835)".

Apêndice 8 – Panorama da distribuição dos escravos no ato da partilha entre os herdeiros, de acordo com a naturalidade do cabeça do casal, no agro fluminense (1790-1835)

Fases	*Famílias com cabeças africanos*			*Famílias com cabeças crioulos*		
	Número	*Unidas (%)*	*Separadas (%)*	*Número*	*Unidas (%)*	*Separadas (%)*
B	61	88,5	11,5	19	73,7	26,3
A	22	72,7	27,3	10	40,0	60,0
Crise da oferta	3	100,0	–	–	–	–
Total	86	84,9	15,1	29	62,1	37,9

Fonte: Arquivo Nacional, "Inventários *post-mortem* (1790-1835)".

Apêndice 9 – Distribuição dos tipos de família escrava no ato da partilha entre os herdeiros, no agro fluminense (1790-1835)

Fases do tráfico atlântico	*1790-1807*	*1810-1825*	*1826-1835*	*Total*
	B	*A*	*Crise da oferta*	
Número de famílias matrifocais (em %)	34	17	2	53
Juntas	65	47	100	61
Separadas	20	41	0	26
Destino desconhecido	15	12	0	13
Número de famílias patrifocais (em %)	3	1	0	4
Juntas	100	100	0	100
Separadas	0	0	0	0
Destino desconhecido	0	0	0	0
Número de famílias nucleares (em %)	60	16	1	77
Juntas	87	69	100	83
Separadas	8	19	0	10
Destino desconhecido	5	12	0	7

(cont.)

(cont.)

Fases do tráfico atlântico	*1790-1807*	*1810-1825*	*1826-1835*	*Total*
	B	*A*	*Crise da oferta*	
Número de famílias extensas (em %)	2	1	0	3
Juntas	50	0	0	33
Separadas	50	100	0	67
Destino desconhecido	0	0	0	0
Número de famílias fraternas (em %)	1	0	0	1
Juntas	100	0	0	100
Separadas	0	0	0	0
Destino desconhecido	0	0	0	0
Número total de famílias	100	35	3	138

Fonte: Arquivo Nacional, "Inventários *post-mortem* (1790-1835)".

Apêndice 10 – Variação da permanência de famílias escravas nucleares, por tipos de família e conjunturas, no agro fluminense (1790-1835)

Fases do tráfico	*Famílias nucleares com filhos*				*Famílias nucleares sem filhos*			
	Número	*Integrais*	*Separadas*	*Desconhecido*	*Número*	*Integrais*	*Separadas*	*Desconhecido*
B (%)	20	17 85,0	3 15,0	–	40	37 92,5	2 5,0	1 2,5
A (%)	8	6 75,0	1 12,5	1 12,5	8	5 62,5	2 25,0	1 12,5
Crise da oferta (%)	–	–	–	–	1	1 100	–	–
Total (%)	28	23 82,1	4 14,3	1 3,6	49	43 87,8	4 8,2	2 4,0

Fonte: Arquivo Nacional, "Inventários *post-mortem* (1790-1835)".

Apêndice 11 – Período de duração das famílias com filhos, por faixa etária das mães ou pais, no agro fluminense (1790-1807)

Faixa etária (em números/ percentual)	*Duração (em anos)*							*Total*
	menos de 2	*2-4*	*5-9*	*10-14*	*15-19*	*20-29*	*mais de 30*	
15-19	2/50,0	1/25,0	1/25,0	–	–	–	–	4/100,0
20-29	21/45,6	16/34,8	9/19,6	–	–	–	–	46/100,0
30-39	7/17,1	17/43,9	11/26,8	3/7,3	2/4,9	–	–	41/100,0
40-49	1/6,7	1/6,7	3/20,0	4/27,0	1/6,7	5/33,3	–	15/100,0
+ de 50	–	–	2/20,0	1/10,0	–	4/40,0	3/30,0	10/100,0
Total	31/26,7	36/31,0	26/22,4	8/6,9	3/2,6	9/7,8	3/2,6	116/100,0

Obs.: Adotou-se como critério, para estabelecer a duração mínima da família, a idade do filho mais velho; para a localização das famílias nas faixas etárias, utilizou-se a idade da mãe (casada ou solteira) ou, quando esta não havia, a idade do pai solteiro.

Fonte: Arquivo Nacional, "Inventários *post-mortem* (1790-1807)".

Apêndice 12 – Período de duração das famílias com filhos, por faixa etária das mães ou pais, no agro fluminense (1810-1825)

Faixa etária (em número/ percentual)	*Duração (em anos)*							*Total*
	menos de 2	*2-4*	*5-9*	*10-14*	*15-19*	*20-29*	*mais de 30*	
15-19	1/33,3	2/66,7	–	–	–	–	–	3/100,0
20-29	19/38,7	19/38,8	10/20,4	1/2,0	–	–	–	49/100,0
30-39	16/28,6	16/28,6	17/30,4	6/10,7	1/1,8	–	–	56/100,0
40-49	3/13,6	5/22,7	6/2,7	3/13,6	4/18,2	1/4,6	–	22/100,0
+ de 50	2/18,2	3/27,3	1/9,1	–	3/27,3	2/18,2	–	11/100,0
Total	41/29,1	45/31,9	34/24,1	10/14,1	8/5,7	3/2,1	–	141/100,0

Obs.: Adotou-se como critério, para estabelecer a duração mínima da família, a idade do filho mais velho; para a localização das famílias nas faixas etárias, utilizou-se a idade da mãe (casada ou solteira) ou, quando esta não havia, a idade do pai solteiro.

Fonte: Arquivo Nacional, "Inventários *post-mortem* (1810-1825)".

Apêndice 13 – Período de duração das famílias com filhos, por faixa etária das mães ou pais, no agro fluminense (1826-1830)

Faixa etária (em número/ percentual)	*Duração (em anos)*							*Total*
	menos de 2	*2-4*	*5-9*	*10-14*	*15-19*	*20-29*	*mais de 30*	
15-19	1/100,0	–	–	–	–	–	–	1/100,0
20-29	13/50,0	7/26,9	6/23,1	–	–	–	–	26/100,0
30-39	2/8,7	10/43,5	8/34,8	3/13,0	–	–	–	23/100,0
40-49	–	1/10,0	3/30,0	4/40,0	1/10,0	1/10,0	–	10/100,0
+ de 50	–	1/12,5	1/12,5	–	2/25,0	4/50,0	–	8/100,0
Total	16/23,5	19/27,9	18/26,5	7/10,3	3/4,4	5/7,4	–	68/100,0

Obs.: Adotou-se como critério, para estabelecer a duração mínima da família, a idade do filho mais velho; para a localização das famílias nas faixas etárias, utilizou-se a idade da mãe (casada ou solteira) ou, quando esta não havia, a idade do pai solteiro; o número antes da barra indica a quantidade de famílias, e depois dela a porcentagem do total de famílias da faixa etária das mães ou pais.

Fonte: Arquivo Nacional, "Inventários *post-mortem* (1826-1830)".

Apêndice 14 – Variação do crescimento médio anual do tráfico (geral), do total de parentes em relação ao de escravos, e dos tipos de arranjo familiar, no agro fluminense (1790-1830)

Tipos de arranjo familiar	*1790-1807*		*1810-1825*		*1826-1830*	
	Número/ percentual	*Parentes (%)*	*Número/ percentual*	*Parentes (%)*	*Número/ percentual*	*Parentes (%)*
1. Casais com filhos	36/22,7	34,9	46/21,6	33,2	15/27,7	26,0
2. Casais sem filhos	56/35,2	25,9	72/33,8	25,7	13/18,8	13,5
Nucleares: 1 + 2	92/57,9	60,8	118/55,4	58,9	28/40,6	39,6
Matrifocais	59/37,1	34,1	90/42,6	38,8	39/56,5	56,9
Patrifocais	6/3,8	3,7	3/1,4	1,3	1/1,5	1,0
Extensos	1/0,6	0,7	1/0,5	0,7	1/1,5	3,1
Fraternos	1/0,6	0,7	1/0,5	0,4	0/0	0
Totais	159/100	100	213/100	100	69/100	100
Crescimento médio anual dos desembarques de escravos (%)	0,35		2,40		4,50	
Total de parentes de primeiro grau (%)	35,5		24,7		31,2	

Obs.: Os dados são ajustados.

Fontes: Tabela 3 e Arquivo Nacional, "Inventários *post-mortem* (1790-1830)".

Apêndice 15 – Distribuição das mães e esposas escravas por faixas etárias, no agro fluminense (1790-1830)

	Faixa etária	*Mães casadas*	*Esposas sem filhos*	*Mães solteiras*	*Total de mulheres da faixa etária*
1790-1807					
	15-19			4/10,5	38
	20-24	1/1,7	7/12,1	15/25,9	58
	25-29	6/12,2	4/8,2	12/24,5	49
1810-1825					
	15-19			3/5,4	56
	20-24	1/1,2	4/4,7	13/15,1	86
	25-29	3/5,4	6/10,7	20/35,7	56
1826-1830					
	15-19	1/4,8			21
	20-24	4/10,5	5/13,2	7/18,4	38
	25-29	4/16,7	4/16,7	5/20,8	24

Obs.: O número antes da barra indica o total de casos; a porcentagem que vem depois da barra se refere ao total de mulheres da faixa considerada em relação ao total dos casos.

Fonte: Arquivo Nacional, "Inventários *post-mortem* (1790-1830)".

Apêndice 16 – Variação do crescimento médio anual do tráfico (geral), do total de parentes em relação ao de escravos e dos tipos de arranjo familiar, por faixas de tamanho de plantel, no agro fluminense (1790-1830) em %

Tipos de arranjos familiares/ Faixas de tamanho de plantel	*1790-1807*			*1810-1825*			*1826-1830*		
	2-9	*10-19*	*+ de 20*	*2-9*	*10-19*	*+ de 20*	*2-9*	*10-19*	*+ de 20*
1. Casais com filhos	34,6	13,3	22,3	9,5	20,0	23,4	33,3	33,3	20,6
2. Casais sem filhos	26,9	33,3	37,9	14,3	8,0	40,1	0	0	20,6
Nucleares: 1 + 2	61,5	46,6	60,2	23,8	28,0	63,5	33,3	33,3	41,2
Matrifocais	38,5	50,0	33,0	76,2	68,0	34,1	66,7	66,7	55,6
Patrifocais	0	3,4	4,8	0	4,0	1,2	0	0	1,6
Extensos	0	0	1,0	0	0	0,6	0	0	1,6
Fraternos	0	0	1,0	0	0	0,6	0	0	0
Total	100	100	100	100	100	100	100	100	100
Total de parentes de primeiro grau	31,1	23,6	42,4	25,1	20,2	25,5	23,7	7,8	36,8
Crescimento dos desembarques de escravos	0,35			2,40			4,50		

Obs.: Os dados são ajustados.

Fontes: Tabela 3 e Arquivo Nacional, "Inventários *post-mortem* (1790-1830)".

Apêndice 17 – Variação do crescimento médio anual do tráfico (geral), dos casamentos escravos por naturalidade dos cônjuges, das taxas de africanidade e de masculinidade dos maiores de 15 anos, no agro fluminense (1790-1830)

Tipos de matrimônio por naturalidade do cabeça do casal	*1790-1807*	*1810-1825*	*1826-1830*
Africano × africana	67,0	61,6	56,0
Crioulo × crioula	10,0	17,2	33,0
Africano × crioula e/ou crioulo × africana	23,0	21,2	11,0
Total	100	100	100
Crescimento dos desembarques de escravos	0,35	2,40	4,50
Taxa de africanidade entre os escravos maiores de 15 anos	68,7	75,8	51,1
Taxa de masculinidade entre os crioulos maiores de 15 anos	51,0	57,5	52,3
Taxa de masculinidade entre os africanos maiores de 15 anos	63,2	72,5	67,3
Taxa de matrimônios entre africanos da mesma etnia (intraétnico)	77,1	17,1	17,6
Taxa de matrimônios entre africanos de etnias diferentes (interétnico)	22,9	82,9	82,4

Fontes: Tabela 3 e Arquivo Nacional, "Inventários *post-mortem* (1790-1830)".

Apêndice 18 – Variação das médias dos preços dos escravos com e sem parentesco, por sexo e grandes faixas etárias, no agro fluminense (1790-1830)

Faixas etárias	*1790-1807 Parentesco*				*1810-1825 Parentesco*				*1826-1830 Parentesco*			
	Com		*Sem*		*Com*		*Sem*		*Com*		*Sem*	
	A	*B*	*A*	*B*	*A*	*B*	*A*	*B*	*A*	*B*	*A*	*B*
Infantes												
Homens	100	37$635	166	55$577	105	11,34	200	21,83	52	10,78	79	27,00
Mulheres	89	34$434	124	51$137	110	11,32	149	18,46	56	10,49	63	23,26
Total	189	35$186	290	53$679	215	11,33	349	20,39	108	10,63	142	25,34
Adultos												
Homens	65	85$914	413	94$778	50	29,58	935	34,02	29	46,84	287	34,82
Mulheres	160	79$840	208	82$420	165	28,73	287	28,82	80	32,51	123	30,85
Total	225	81$595	621	90$639	215	28,93	1.222	32,77	109	36,32	410	33,63

(cont.)

(cont.)

Faixas etárias	*1790-1807 Parentesco*				*1810-1825 Parentesco*				*1826-1830 Parentesco*			
	Com		*Sem*		*Com*		*Sem*		*Com*		*Sem*	
	A	*B*	*A*	*B*	*A*	*B*	*A*	*B*	*A*	*B*	*A*	*B*
Idosos												
Homens	61	48$725	134	52$788	62	20,59	276	18,73	8	23,28	78	15,78
Mulheres	30	44$323	61	40$249	42	13,05	107	11,48	11	14,27	33	12,14
Total	91	47$274	195	48$866	104	17,55	383	16,70	19	18,06	111	14,70

(A) Número. (B) Preço.

Obs. 1: Infantes (de zero a 14 anos de idade); adultos (de 15 a 40 anos de idade); e idosos (mais de 40 anos de idade).

Obs. 2: Os preços de 1790-1807 estão em reais; os de 1810 a 1830 estão em libras esterlinas.

Fonte: Arquivo Nacional, "Inventários *post-mortem* (1790-1830)".

Apêndice 19 – Estimativa da desvalorização dos escravos aparentados no âmbito das fortunas escravistas, por grandes faixas de plantel, no meio rural fluminense (1790-1807)

Situação parental e faixa etária	*De 2 a 9 escravos*	*De 10 a 19 escravos*	*20 ou mais escravos*	*Geral*
Com parentesco				
Infantes	(27)/34$600	(27)/29$733	(82)/40$934	(136)/37$453
Adultos	(26)/79$154	(31)/82$719	(106)/81$554	(163)/81$393
Idosos	(16)/41$662	(14)/50$150	(42)/47$029	(72)/46$443
Sem parentesco				
Infantes	(25)/55$536	(43)/63$004	(55)/62$022	(123)/61$047
Adultos	(78)/92$910	(138)/91$133	(190)/90$900	(406)/91$365
Idosos	(43)/60$721	(41)/43$912	(69)/41$157	(153)/47$394
Valor global dos montes brutos	(39)/40.075$932	(20)/102.832$788	(13)/164.383$763	(72)/308.121$751
Valor global dos escravos	14.905$200	19.429$712	37.498$500	71.833$412

(cont.)

(cont.)

Situação parental e faixa etária	*De 2 a 9 escravos*	*De 10 a 19 escravos*	*20 ou mais escravos*	*Geral*
Valor global dos escravos em relação à soma dos montes brutos (%)	37,2	19,1	23,0	23,3
Estimativa de desvalorização parental (%)	3,06	1,04	1,55	1,59

Obs.: Utilizaram-se os inventários ajustados com monte bruto determinado. Os números antes dos preços indicam o número de escravos, ou, no caso do valor global dos montes brutos, o número de inventários. A estimativa percentual de desvalorização parental em relação ao valor global das fortunas escravistas por faixa de plantel foi calculada de acordo com a fórmula {[(MdInSp – MdInCp). X + (MdAdSp – MdAdCp). Y + (MdInSp – MdInCp). Z]. 100}/TotMB, onde: MdInSp = média de preços dos infantes sem parentesco; MdInCp = média de preços dos infantes com parentesco; MdAdSp = média de preços dos adultos sem parentesco; MdAdCp = média de preços dos adultos com parentesco; MdIdSp = média de preços dos idosos sem parentesco; MdIdCp = média de preços dos idosos com parentesco; X = número de casos de infantes com parentesco; Y = número de casos de adultos com parentesco; Z = número de casos de idosos com parentesco; TotMb = soma dos montes brutos da faixa de tamanho de plantel considerada.

Fonte: Arquivo Nacional, "Inventários *post-mortem* (1790-1807)".

Referências bibliográficas

A. Fontes primárias

1. Manuscritas

ARQUIVO DO CONVENTO DE NOSSA SENHORA DO CARMO (Angra dos Reis, RJ). Livro de batismos de escravos da freguesia de Mambucaba, 1830-1849.

ARQUIVO NACIONAL. Apelação-crime, 1843, n.662, maço 30.

_____. Apelação-crime, 1843, caixa 3.668, maço 1.

_____. Apelação-crime, 1848, n.858, maço 120.

_____. Códice 425, Registro da Polícia de Saída de Escravos.

_____. Inventário *post-mortem* de Ana Maria de Jesus, 1795.

_____. Inventário *post-mortem* de José Cardoso dos Santos, 1815, caixa 3.763, n.22.

_____. Inventário *post-mortem* de Manuel Pereira dos Santos, 1797, caixa 1.126, n.9.293.

_____. Inventário *post-mortem* de Pascoal Cosme dos Reis, 1850-1852, caixa 416, n.1.987.

_____. Inventário *post-mortem* de Úrsula Martins, 1809, caixa 3.763, n.97.

_____. Inventários *post-mortem* (1789-1792, 1795-1797, 1800-1802, 1805-1807, 1810-1812, 1815-1817, 1820-1822, 1825-1827, 1830-1832, 1834, 1835).

_____. Processo-crime, 1827, caixa 3.679, n.1.

_____. Processo-crime, 1847, caixa 3.709, n.754.

CÚRIA METROPOLITANA DO RIO DE JANEIRO. Livro de batismos de escravos da freguesia de Inhaúma, 1817-1842.

_____. Livro de batismos de escravos da freguesia de Nossa Senhora do Loreto de Jacarepaguá, 1795-1801.

_____. Livro de batismos de escravos da freguesia de Nossa Senhora do Desterro de Campo Grande, 1794-1812.

_____. Livro de batismos de escravos da freguesia de Nossa Senhora do Desterro de Campo Grande, 1862-1867.

_____. Livro de batismos de escravos da freguesia de São José, 1802-1810.

_____. Livro de batismos de escravos da freguesia de São José, 1849-1852.

_____. Livro de casamentos de escravos da freguesia de Nossa Senhora do Loreto de Jacarepaguá, 1790-1830.

2. Impressas

DEBRET, Jean B. *Viagem histórica e pitoresca ao Brasil.* São Paulo: Martins Fontes; Edusp, 1972.

INSTITUTO BRASILEIRO DE GEOGRAFIA E ESTATÍSTICA (IBGE). *Estatísticas históricas do Brasil.* v.3. Rio de Janeiro, 1968.

KOSTER, Henry. *Viagens ao Nordeste do Brasil.* Recife: Secretaria de Educação e Cultura do Governo do Estado de Pernambuco, 1978.

NUNES, Antônio D. Memórias públicas e econômicas da cidade de São Sebastião do Rio de Janeiro para uso do vice-rei Luiz de Vasconcelos por observação curiosa dos anos de 1779 até o de 1789. *Revista do Instituto Histórico e Geográfico Brasileiro,* Rio de Janeiro: Imprensa Nacional, tomo XLVII, parte I, 1884.

SAINT-HILAIRE, Auguste. *Viagem pelas províncias do Rio de Janeiro e Minas Gerais.* Belo Horizonte; São Paulo: Itatiaia; Edusp, 1975.

SPIX, Johann B. von; MARTIUS, Karl F. P. von. *Viagem pelo Brasil.* São Paulo: Melhoramentos, 1976.

WALSH, Robert. *Notícias do Brasil.* Belo Horizonte; São Paulo: Itatiaia; Edusp, 1985.

B. Fontes secundárias

AMANTINO, Márcia S. *O mundo dos fugitivos*: Rio de Janeiro na segunda metade do século XIX. Rio de Janeiro, 1996. Dissertação (Mestrado) – Programa de Pós-Graduação em História, Universidade Federal do Rio de Janeiro.

ANDERSON, Michael. *Aproximaciones a la historia de la familia occidental (1500-1914)*. Madrid: Siglo XXI, 1988.

ANDRÉS-GALLEGO, José. Esclavos de temporalidades (El Tucumán, 1768): posibilidades de una fuente documental. *Hispania Sacra*, v.XLVIII, n.97, p.231-60, 1996.

ARAÚJO, Ricardo B. *Guerra e paz*. Rio de Janeiro: Editora 34, 1994.

AUGÉ, Marc. *Os domínios do parentesco*. Lisboa: Edições 70, 1978.

BARNET, Miguel. *Memórias de um "cimarrón"*. São Paulo: Marco Zero, 1986.

BASSANEZI, Maria S. C. B. Considerações sobre os estudos do celibato e da idade de casar no passado brasileiro. *ENCONTRO DE ESTUDOS POPULACIONAIS*, 9, 1994, Caxambu. *Anais do...* v.1. Caxambu, 1994. p.381-96.

BETHELL, Leslie. *A abolição do tráfico de escravos no Brasil*. São Paulo: Expressão e Cultura; Edusp, 1976.

BOURDIEU, Pierre. *Le sens pratique*. Paris: Minuit, 1980.

CARDOSO, Ciro F. S. (Org.). *Escravidão e abolição no Brasil*: novas perspectivas. Rio de Janeiro: Jorge Zahar, 1988.

_____. *Escravo ou camponês*. São Paulo: Brasiliense, 1987.

CARDOSO, Fernando H. *Capitalismo e escravidão no Brasil meridional*. Rio de Janeiro: Paz e Terra, 1977.

CASTRO, Antônio de Barros. A economia política, o capitalismo e a escravidão. In: LAPA, José Roberto do Amaral (Org.). *Modos de produção e realidade brasileira*. Petrópolis: Vozes, 1980.

CASTRO, Hebe M. M. de. *Das cores do silêncio*: os significados da liberdade no Sudeste escravista – Brasil, século XIX. Rio de Janeiro: Arquivo Nacional, 1995.

CLEVELAND, Donald. *Slavery and Abolition in Campos, Brazil, 1830-1888*. New York, 1973. Tese (Doutorado), Cornell University Press.

CONRAD, Robert. *Os últimos anos da escravatura no Brasil*. Rio de Janeiro: Civilização Brasileira, 1978.

COSTA, Emília Viotti da. *Da senzala à Colônia*. 5. ed. São Paulo: Editora Unesp, 2012.

COSTA, Iraci del Nero. Notas sobre a posse de escravos nos engenhos e engenhocas fluminenses (1778). *Revista do Instituto de Estudos Brasileiros*, São Paulo, n.28, 1988.

_____. *Vila Rica*: população (1729-1826). São Paulo: Fipe; Edusp, 1979.

COSTA E SILVA, Alberto da. *A enxada e a lança*. Rio de Janeiro: Nova Fronteira, 1996.

CURTIN, Philip. *The Atlantic Slave Trade*: a Census. Madison: Wisconsin University Press, 1969.

DUMONT, Louis. *Homo hierarchicus*. São Paulo: Edusp, 1992.

ELIAS, Norbert. *A sociedade da corte*. Lisboa: Estampa, 1987.

ELTIS, David. *Economic Growth and the Ending of the Transatlantic Slave Trade*. New York: Oxford University Press, 1987.

_____. The Nineteenth-Century Transatlantic Slave Trade: an Annual Time Series of Imports into the Americas Broken Down by Region. *Hispanic American Historical Review*, v.67, n.1, p.109-38, 1987.

FARIA, Sheila de Castro. *A colônia em movimento*: fortuna e família no cotidiano colonial. Niterói, 1994. Tese (Doutorado), Departamento de História – Universidade Federal Fluminense.

FINLEY, Moses I. *Escravidão antiga e ideologia moderna*. Rio de Janeiro: Graal, 1991.

FLORENTINO, Manolo G. *Em costas negras*: uma história do tráfico de escravos entre a África e o Rio de Janeiro (séculos XVIII e XIX). São Paulo: Editora Unesp, 2014.

FRAGOSO, João L. R. *Homens de grossa aventura*. Rio de Janeiro: Arquivo Nacional, 1993.

_____. Modelos explicativos da economia escravista no Brasil. In: CARDOSO, Ciro. *Escravidão e abolição no Brasil*. Rio de Janeiro: Jorge Zahar, 1988.

_____. *Sistemas agrários de Paraíba do Sul, 1850-1920*. Rio de Janeiro, 1983. Dissertação (Mestrado), Instituto de Filosofia e Ciências Sociais – Universidade Federal do Rio de Janeiro.

_____; FLORENTINO, Manolo G. O *arcaísmo como projeto*. Rio de Janeiro: Sette Letras, 1996.

FRAZIER, E. F. *The Negro Family in the United States*. Chicago: University of Chicago Press, 1947.

FREYRE, Gilberto. *Casa-grande & senzala*. Rio de Janeiro: Record, 1989.

FURTADO, Celso. *Formação econômica do Brasil*. São Paulo: Cia. Editora Nacional, 1977.

GENOVESE, Eugene D. *A terra prometida*: o mundo que os escravos criaram. Rio de Janeiro: Paz e Terra, 1988.

GIACOMINI, Sônia M. *Mulher escrava*. Petrópolis: Vozes, 1988.

GINZBURG, Carlo. *A micro-história e outros ensaios*. Lisboa: Difel, 1991.

GÓES, José R. *O cativeiro imperfeito*. Vitória: Lineart, 1993.

GORENDER, Jacob. *O escravismo colonial*. São Paulo: Ática, 1978.

GUDEMAN, Stephen; SCHWARTZ, Stuart B. Purgando o pecado original: compadrio e batismo de escravos na Bahia no século XVIII. In: REIS, João J. (Org.). *Escravidão & invenção da liberdade.* São Paulo: Brasiliense, 1988. p.33-59.

GUTMAN, Herbert G. *The Black Family in Slavery and Freedom, 1750-1925.* New York: Vintage, 1976.

HACKENBERG, Carla. *Os escravos e seus laços parentais*: um estudo de caso sobre a frequência e estabilidade das famílias escravas na fazenda de José Cardoso dos Santos, em Campo Grande, entre 1807 e 1815. Rio de Janeiro, 1995. Monografia (TCC), Departamento de História – Universidade Federal do Rio de Janeiro. p.35-7.

IANNI, Octávio. *As metamorfoses do escravo.* São Paulo; Curitiba: Hucitec; Scientia et Labor, 1988.

JANNUZZI, Paulo de M. Fecundidade atual na Nigéria: algumas considerações explicativas para seu estado ainda pré-transicional. *Estudos Afro-Asiáticos,* Rio de Janeiro: CEAA, n.27, p.187-202, 1995.

KARASCH, Mary C. *Slave Life in Rio de Janeiro, 1808-1850.* Princeton: Princeton University Press, 1987. [Ed. bras.: *A vida dos escravos no Rio de Janeiro (1808-1850).* São Paulo: Companhia das Letras, 2000.]

KLEIN, Herbert S.; ENGERMAN, Stanley. A demografia dos escravos americanos. In: MARCÍLIO, Maria L. (Org.). *População e sociedade.* Petrópolis: Vozes, 1984. p.208-27.

_____. The Internal Slave Trade in 19th-Century Brazil. In: *The Middle Passage.* Princeton: Princeton University Press, 1978. p.95-120.

KUPER, H. Kinship Among the Swazi. In: RADCLIFFE-BROWN, A. R.; FORDE, D. *African Systems of Kinship and Marriage.* London: IAI, 1950. p.90-105.

LARA, Silvia H. *Campos da violência.* Rio de Janeiro: Paz e Terra, 1988.

LIMA, Carlos. *Trabalho, negócios e escravidão*: artífices na cidade do Rio de Janeiro (c.1790-c.1808). Rio de Janeiro, 1993. Dissertação (Mestrado), Departamento de História – Universidade Federal do Rio de Janeiro.

MACHADO, Maria H. P. T. Em torno da autonomia escrava: uma nova direção para a história social da escravidão. *Revista Brasileira de História,* São Paulo: Marco Zero; Anpuh, n.8, v.16, p.143-60, mar./ago. 1988.

MANNING, Patrick. *Slavery and African Life.* Cambridge: Cambridge University Press, 1990.

MARCÍLIO, Maria L. (Org.). Sistemas demográficos no Brasil do século XIX. In: *População e sociedade.* Petrópolis: Vozes, 1984. p.193-207.

MATTOSO, Kátia de Q. *Ser escravo no Brasil*. São Paulo: Brasiliense, 1982.

MEILLASSOUX, Claude. *Mulheres, celeiros & capitais*. Porto: Afrontamento, 1977.

MELLO, Pedro Carvalho de. Estimativa da longevidade de escravos no Brasil na segunda metade do século XIX. *Estudos Econômicos*, v.13(1), p.151-79, 1983.

MERRICK, Thomas W.; GRAHAM, Douglas H. *População e desenvolvimento econômico no Brasil*. Rio de Janeiro: Jorge Zahar, 1981.

METCALF, Alida C. A família escrava no Brasil colonial: um estudo de caso em São Paulo. In: NADALIN, Sérgio O. et al. (Orgs.). *História e população*. São Paulo: FSEAD, 1990. p.205-12.

MORSE, Richard M. Economia manchesteriana e sociologia paulista. In: *A volta de McLuhanaíma*. São Paulo: Companhia das Letras, 1990.

MOTT, Luiz. *Escravidão, homossexualidade e demonologia*. São Paulo: Ícone, 1988.

MOTTA, José F. Família escrava: uma incursão pela historiografia. *História: Questões & Debates*, Curitiba: Apah, n.16, p.104-59, 1988.

MOURA, Clóvis. *Rebeliões da senzala*. Rio de Janeiro: Conquista, 1972.

OLIVEIRA, Maria Inês. Viver e morrer no meio dos seres: nações e comunidades africanas na Bahia do século XIX. *Revista USP*, São Paulo, v.28, p.174-93, 1995-1996.

PRADO JR., Caio. *Formação do Brasil contemporâneo*. São Paulo: Brasiliense, 1981.

RACHEWILTZ, Boris. *Black Eros*. London: G. Allen & Unwin, 1964.

REIS, João José. *Rebelião escrava no Brasil*. São Paulo: Brasiliense, 1987.

_____; SILVA, Eduardo. *Negociação e conflito*. São Paulo: Companhia das Letras, 1989.

RODRIGUES, R. Nina. *Os africanos no Brasil*. São Paulo; Brasília: Cia. Editora Nacional; Editora da UnB, 1988.

ROMANO, Ruggiero. *Coyunturas opuestas*: la crisis del siglo XVII en Europa e Hispanoamérica. México, DF: Fondo de Cultura Económica, 1993.

SAHLINS, Marshall. *Las sociedades tribales*. Barcelona: Labor, 1985. [Ed. bras.: *Sociedades tribais*. Rio de Janeiro: Zahar, 1983.]

SANTOS, Corsino Medeiros dos. *Relações comerciais do Rio de Janeiro com Lisboa (1763-1808)*. Rio de Janeiro: Tempo Brasileiro, 1981.

SCHWARCZ, Lília Moritz. O *espetáculo das raças*: cientistas, instituições e questão racial no Brasil (1870-1930). São Paulo: Companhia das Letras, 1993.

SCHWARTZ, Stuart B. *Segredos internos*. São Paulo: Companhia das Letras, 1988.

SEYFERTH, Giralda. As ciências sociais no Brasil e a questão racial. In: SILVA, Jaime et al. *Cativeiro e liberdade.* Rio de Janeiro: UERJ, 1989.

SILVA, Maria B. N. da. *Sistema de casamento no Brasil colonial.* São Paulo: Edusp, 1984.

SIMONATO, Andréa J. O sítio do Ferreira e suas histórias. *Estudos Afro-Asiáticos*, Rio de Janeiro: CEAA, n.27, p.137-65, 1995.

SLENES, R. W. *Malungu, ngoma* vem!: África coberta e descoberta no Brasil. *Revista USP*, São Paulo: USP, n.12, p.48-67, dez. 1991/jan.-fev. 1992.

_____. Lares negros, olhares brancos: histórias da família escrava no século XIX. *Revista Brasileira de História*, São Paulo: Marco Zero; Anpuh, n.8, v.16, p.189-203, mar./ago. 1988.

_____. Escravidão e família: padrões de casamento e estabilidade familiar numa comunidade escrava (Campinas, século XIX). *Estudos Econômicos*, São Paulo: Fipe; USP, v.17, n.2, 1987.

STEIN, Stanley J. *Vassouras*: a Brazilian Coffee County, 1850-1900. Cambridge, Mass.: Harvard University Press, 1957. [Ed. bras.: *Vassouras*: um município brasileiro do café, 1850-1900. Rio de Janeiro: Nova Fronteira, 1990.]

TANNENBAUM, Frank. *Slave and Citizen.* New York: Vintage, 1947.

TODOROV, Tzvetan. *A conquista da América*: a questão do outro. São Paulo: Martins Fontes, 1988.

VAINFAS, Ronaldo. *Trópico dos pecados.* Rio de Janeiro: Campus, 1988.

VENÂNCIO, Renato P. Nos limites da sagrada família: ilegitimidade e casamento no Brasil colonial. In: VAINFAS, Ronaldo (Org.). *História da sexualidade no Brasil.* Rio de Janeiro: Graal, 1986. p.107-23.

SOBRE O LIVRO

Formato: 14 x 21 cm

Mancha: 23,7 x 42,5 paicas

Tipologia: Horley Old Style 10,5/14

Papel: Off-white 80 g/m² (miolo)

Cartão Supremo 250 g/m² (capa)

1ª edição Editora Unesp: 2017

EQUIPE DE REALIZAÇÃO

Preparação de Originais

Tulio Kawata

Revisão de Texto

Maísa Kawata

Diagramação

Nobuca Rachi

Capa

Negrito Editorial

IMPRESSÃO E ACABAMENTO
Hawaií Gráfica e Editora